大阪大学新世紀セミナー

軍縮をどう進めるか

黒沢　満

大阪大学出版会

はじめに

人類の歴史が始まって以来、武力による紛争は絶えることなく発生し、現代国家システムが成立してからも、国家間の戦争が頻繁に繰り返されてきた。二十世紀においては、戦争は従来の戦闘員を中心とする戦いから総力戦へと拡大していった。第一次世界大戦および第二次世界大戦では、戦闘員のみならず、多くの民間人が戦争の犠牲となった。

一九四五年には、広島および長崎に原爆が投下され、多くの民間人が犠牲になったのみならず、その被害は現在に至るまで続いている。その意味で二十世紀は戦争の世紀であり、特にその後半は核兵器の世紀であった。その後、核兵器は使用されていないし、冷戦(1)終結後、核兵器の数は減少しているが、現在も三万発(2)もの核弾頭が存在し、核戦争の恐怖の下でかろうじて平和が維持されてきたという側面がある。

毒ガスなどの化学兵器は第一次世界大戦で大量に使用され、その後、使用を禁止する条約が成立したことなどにより第二次世界大戦では使用されなかったが、一九八〇年代、九〇年代には使用された。細菌などの生物兵器は、実際には戦闘で使用されていないが、開発は進められてきた。最近のバイオテクノロ

(1) 冷戦(cold war)とは、実際の戦争(hot war)には至らない米ソ間の対立を意味し、第二次世界大戦直後からイデオロギーの対立を基礎とする政治的軍事的対立が世界的な規模で広がった。冷戦の終結は、一九八九年の東欧の民主化、マルタでの米ソ首脳会談で明確になり、ドイツの統一、ワルシャワ条約機構の解体、ソ連の崩壊などの一連の出来事により確定されていった。

(2) 二〇〇一年現在、配備されたもののほかに、貯蔵されているもの、解体中のものを含めて約三万発の核弾頭が存在し、そのうち約二万発が実際に配備されていると推測されている。

ジーの発展により生物兵器の拡散の危険が指摘されている。

さらに、一九九八年八月の北朝鮮（朝鮮民主主義人民共和国）によるテポドン・ミサイルの発射[3]に見られるように、兵器の運搬手段としてのミサイルの脅威が増大している。特に、核兵器、化学兵器、生物兵器といった大量破壊兵器[4]の運搬手段としてのミサイルが多くの国に拡散している現状が危険であると考えられている。

また冷戦終結後の国際社会においては、民族や宗教を原因とする国内紛争が急増しており、そこでは一人の人間が運搬できるような小型武器が使用され、多くの人々が犠牲になっている。最近の武力紛争で実際に人間が殺されているのは、この小型武器によるものが圧倒的に多くなっており、これらの兵器を規制することも重大な課題となっている。

他方、軍縮に関してはさまざまな努力がなされてきたため、一定の措置が実施され、いくつかの国際条約が作成されてきた[5]。核兵器については、核兵器の削減、核兵器実験の禁止、新たな核兵器国の出現防止、核兵器の使用制限などのために一定の措置に合意され、実施されているが、核兵器の全廃に至るにはまだまだ遠い道のりが残されている[6]。

化学兵器と生物兵器については、それらを完全に禁止し、保有している兵器

（3）一九九八年八月三一日に北朝鮮が発射したミサイルは、日本の本土を越えて三陸沖に落下した。北朝鮮はこれは人工衛星の打ち上げであると主張した。この事件によりミサイルの危険が認識され、ミサイル防衛につき日本は米国と共同研究を実施することを決定した。

（4）大量破壊兵器とは、大量殺戮兵器とも言われており、現在のところ、核兵器、化学兵器、生物兵器を含むとされている。大量破壊兵器でない兵器は「通常兵器」と言われている。

（5）軍縮一般の進展および解説と分析については、黒沢満編著『軍縮問題入門（第二版）』東信堂、一九九九年、ジョゼフ・ゴールドブラット著、浅田正彦訳『軍縮条約ハンドブック』日本評論社、一九九九年参照。また軍縮に関する条約や資料については、藤田久一・浅田正彦編『軍縮条約・資料集（第二版）』有信堂、一九九七年参照。

（6）核軍縮の進展については、黒沢満『核軍縮と国際平和』有斐閣、一九九九年、小川伸一『核軍備管理・軍縮のゆくえ』芦書房、一九九六年参照。

を廃棄することを義務づける条約がすでに存在しているが、条約に加入しないでそれらの兵器を保有している国があり、条約に入っていても必ずしもその義務を守っていない国があるなど問題が残されている。

ミサイルについては、現在のところ規制は皆無といってよく、今後の大きな課題となっている。また最近では、米国政府がミサイル防御の重要性を強調しているが、これは弾頭ミサイルを保有する国家が増大していることが背景となっている。

通常兵器については、冷戦終結に伴い欧州地域で大幅な削減が実施された。また対人地雷についてはそれを完全に禁止し、保有している地雷の廃棄を義務づける条約が作成されたが、米国、ロシア、中国などが参加していないため、条約の実効性は十分発揮されていない。さらに小型武器についても、それらを規制するための努力が、国連を中心に行われている。

本書では、第一章で、核軍縮をどう進めるかを考える。ここでは第一に、これまでの成果を背景として、これから核兵器廃絶に向けてすぐに実施すべき具体的措置を検討する。第二に冷戦終結後、専門家が提出した核兵器廃絶に向けてのさまざまな提案を検討し、第三に核兵器廃絶に向けて国際社会で現実に行われている実態を考察する。

第二章では、核兵器以外の化学兵器、生物兵器、ミサイルおよび通常兵器の禁止または規制に関して、これまでどのような進展が見られているか、また今後の軍縮をいかに進めるかを考える。

第三章では、新しい国際秩序を求めてというタイトルの下で、特に核兵器の価値を低下させる措置や攻撃兵器と防御兵器の関係を検討し、最後に軍縮を推進させるとともに、より平和で安全な国際社会をどのようにして構築していくべきかについて考える。

軍縮をそれ自体として推進していく努力が重要であるが、国際社会全体の構造を徐々に変えていくことが必要である。そのような複合的アプローチにより、より平和で安全な国際社会が構築されるであろう。

目次

第一章　核軍縮をどう進めるか

一　核兵器廃絶に向けていかなる措置をとるべきか

核兵器を保有する国家が核兵器の全面的廃棄を条約で合意して、一気に核兵器をなくすことが望ましいが、それは現実的にはきわめて困難なことである。したがって、核兵器の全廃という目標に向かってさまざまな方向から徐々に具体的な措置をとるのが現実的である。そこで、本節においては、これまでのさまざまな成果を基礎として、核兵器廃絶に向けてどのような措置をとっていくべきかについて考えてみたい。

核兵器の削減

核軍縮の措置として第一に考えられるのは、核兵器の数をゼロに向けて減少させることであり、核兵器の全廃に向けて削減していくことである。ここでは、一九四五年から四十数年にわたり核兵器が急速に増強されてきた状況と、冷戦後に核兵器が削減されている状況を分析しながら、今後の核兵器削減の方向を探ってみたい。

広島・長崎への原爆投下[1]の約一カ月前の一九四五年七月に、最初の核実験がニューメキシコ州アラモゴルドで実施されて以来、米国とソ連の核兵器は増強されていった。図1に見られるように、米国は一九六六年に約三万一〇〇〇発まで急激に増加し、その後は核兵器の質的改善に取り組み、冷戦終結に至るまで横ばいから若干の削減を行い、一九九〇年代に入って大幅な削減を実施している。

他方、ソ連は一九四九年に最初の核実験を実施し、米国に追いつき、追い越せという形で増強を続け、一九八六年には四万発を超える核兵器を保有していた。その後急激な削減を実施している。したがって、冷戦期のピーク時には世界中で六万五〇〇〇発もの核兵器が配備されていたことになる。

それ以外に、図2に示されるように、英国、フランス、中国がそれぞれ五〇〇発以下の核兵器を保有している状況である。[2]

これまでの核兵器削減努力として、米ソ間あるいは米ロ間で、冷戦期には戦略兵器[3]制限交渉（SALT）が実施され、冷戦末期から戦略兵器削減交渉（S

（1）広島には約一五キロトンのウラン型原爆が投下され、約一六万人の犠牲者があり、長崎には約二〇キロトンのプルトニウム型原爆が投下され、約七万人の犠牲者が出た。

（2）五核兵器国がこれまで製造した核弾頭の総数は以下の通りである。

米国	七〇〇〇〇
ソ連	五五〇〇〇
英国	一二〇〇
フランス	一二六〇
中国	六〇〇
合計	一二八〇六〇

（3）戦略兵器とは米国とソ連の間で直接攻撃できるものを指し、それ以外は戦術兵器と呼ばれる。戦略兵器はＩＣＢＭ、ＳＬＢＭ、爆撃機から構成されており、ＩＣＢＭとは五五〇〇キロメートル（米国とソ連の間の最短距離）以上の射程をもつ地上発射の弾道ミサイルであり、ＳＬＢＭは通常五五〇〇キロメートル以上の射程をもつ潜水艦から発射される弾道ミサイルである。

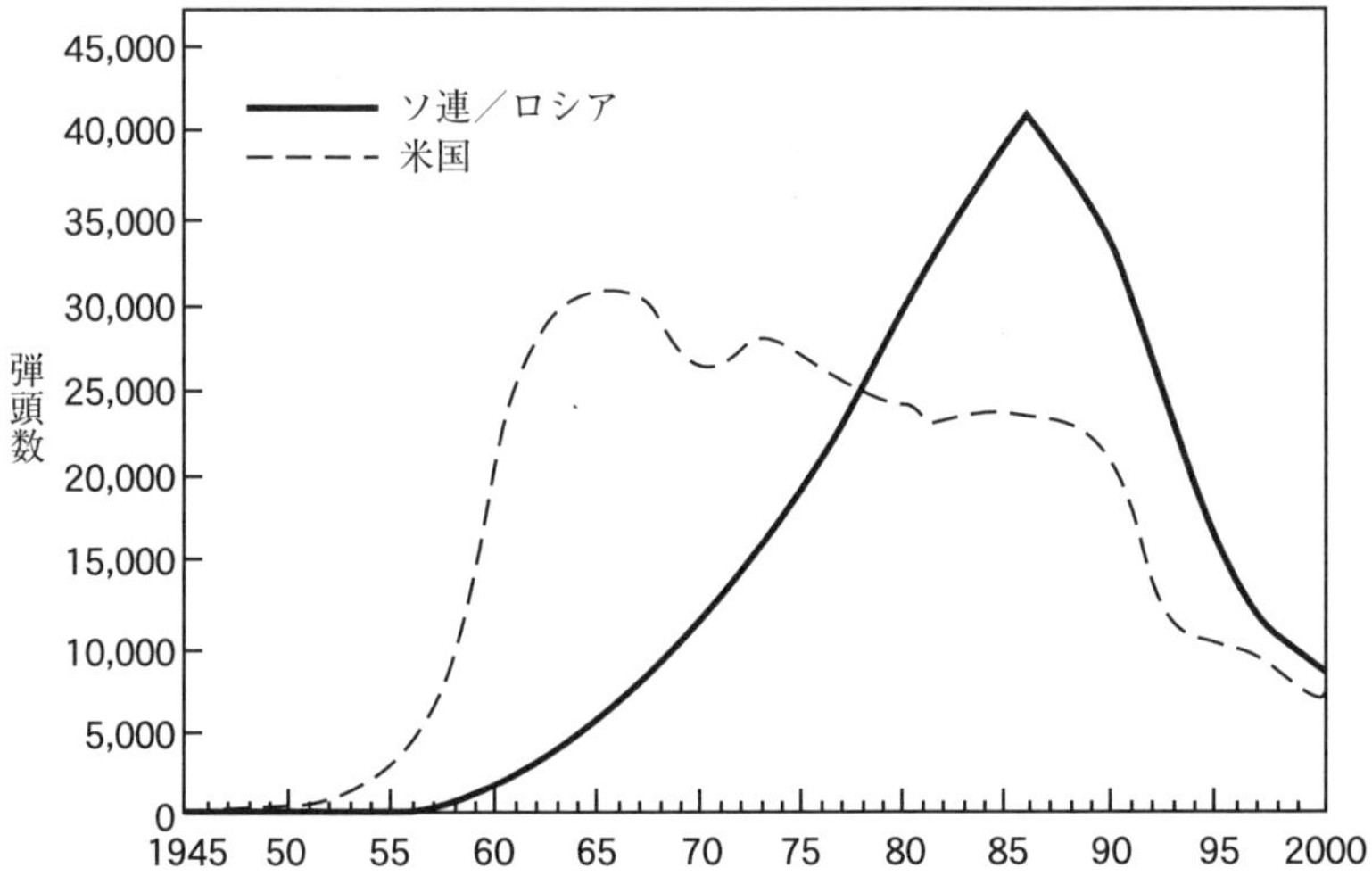

図1　米国とソ連／ロシアの核兵器数の推移（1945—2000年）

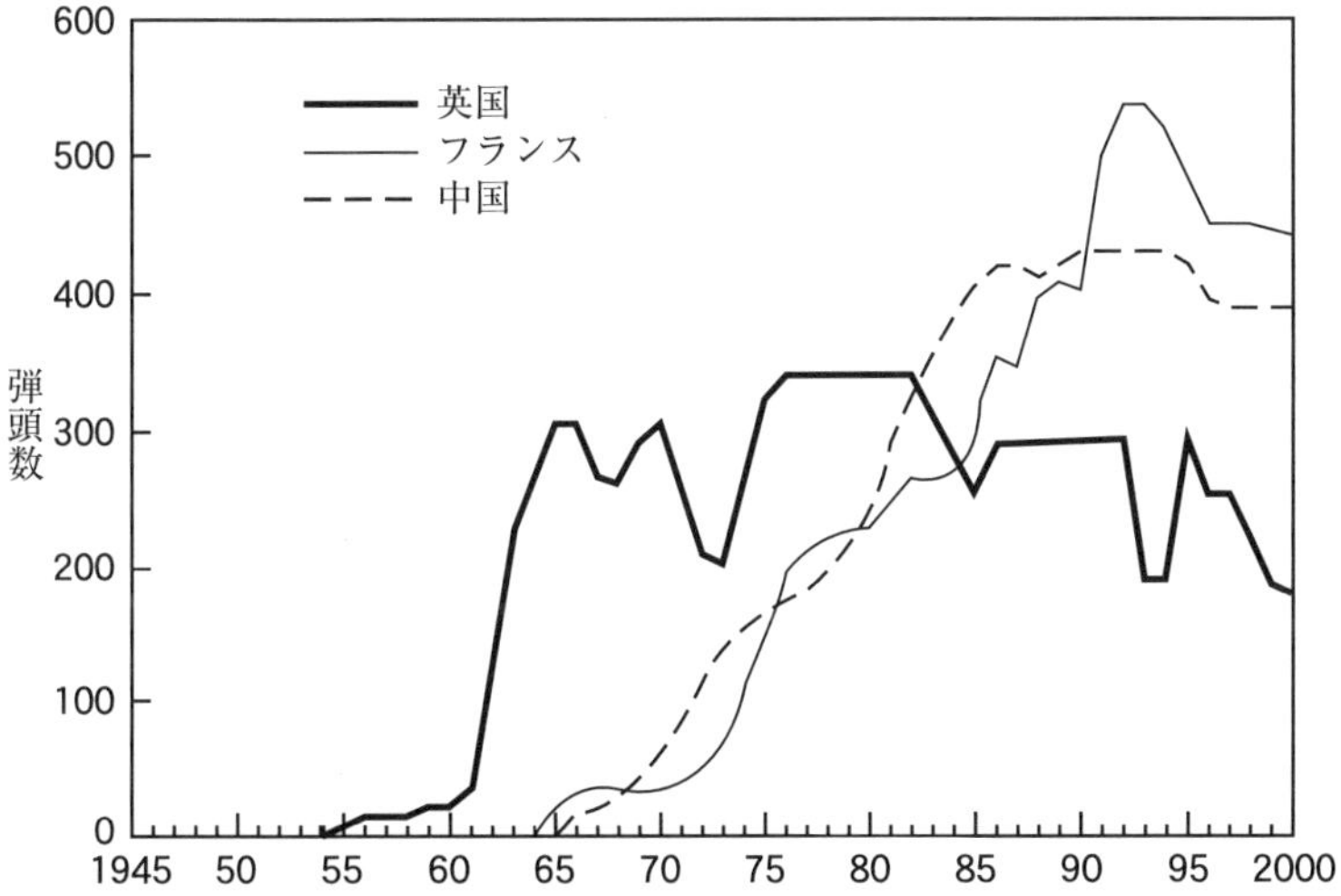

図2　英仏中の核兵器数の推移（1945—2000年）

TART）が実施されてきた。戦略兵器制限交渉では、米ソの戦略兵器を制限するために、両国が保有できる大陸間弾道ミサイル（ICBM）、潜水艦発射弾道ミサイル（SLBM）、爆撃機という核兵器運搬手段の数に対し、現状維持的な上限が設定された。また同時に、戦略的安定性を維持するためには、防御兵器の配備を制限することが必要であると考えられ、対弾道ミサイル（ABM）条約[4]が締結された。[5]

普通には、攻撃兵器を最大限削減し、防御兵器の配備を広く認めるのが良いと考えられるが、米ソの交渉では、戦略的には逆が好ましいと考えられた。それは一方で、防御兵器の増強は攻撃兵器の増強を引き起こし戦略的安定性が損なわれるという考えに基づいている。なぜなら、その製造においては攻撃兵器の方が技術的に簡単であり、費用も安いからである。他方、防御兵器を制限することにより、相手の核攻撃に対して大規模な第二撃で反撃する能力を維持することにより、核攻撃を抑止できるという考えに基づいている。すなわち、お互いを脆弱な状況におくことにより核戦争が抑止されるという相互確証破壊（MAD）という理論に立脚している。

現在大きな問題となっている米国の国家ミサイル防衛（NMD）は、このABM条約を修正または廃棄することを必要とするものであり、ロシア、中国、フランスなどが強く反対している。米国の計画はアラスカやノースダコタへの

（4）ABMシステムとは、攻撃用の戦略弾道ミサイル（ICBMとSLBM）を打ち落とすためのミサイルシステムで、ミサイル、ミサイル発射機、レーダーで構成されている。ABM条約では両国のミサイルシステムを一カ所に限定し、それぞれの構成要素の数を制限している。

（5）冷戦期の戦略兵器制限交渉（SALT）の経過およびその成果については、黒沢満『核軍縮と国際法』有信堂、一九九二年、一一～一六六頁参照。

防衛システムの配備から始まり、全国的に広げていこうとするものであり、ロシアなどは、それは戦略的安定性を損なうものであると主張している。

冷戦期から冷戦終結に至る時期に、米ソの間で中距離核戦力(6)(INF)条約が一九八七年に締結され、ソ連と西ヨーロッパの間で対立的に配備されていた地上配備の中距離ミサイルが全廃された。これは、ある一定のカテゴリーの核兵器を全廃した最初の例としてきわめて重要である。(7)

冷戦が終結して、米国およびソ連/ロシアは本格的な核兵器削減の時代に入る。冷戦終結期に米国とソ連はそれぞれ約一万二〇〇〇発の戦略核弾頭を保有していたが、一九九一年の第一次戦略兵器削減条約(STARTI条約)で、条約発効から七年間で六〇〇〇発に半減させることに合意し、その後実施している。またさらに、それぞれ三〇〇〇~三五〇〇発に削減することを約束する第二次戦略兵器削減条約(STARTⅡ条約)が一九九三年に署名されたが、まだ条約は発効していない。

さらに第三次戦略兵器削減条約(STARTⅢ条約)の枠組みとして、両国は一九九七年に、さらに二〇〇〇~二五〇〇発に削減することに原則的に合意しているが、条約交渉は始まっていない。このように、これまでのところ、米ロの戦略核弾頭については徐々に削減されてきており、ロシアは一五〇〇発までの削減を主張している。

(6) 中距離核戦力として条約で規制されたのは、射程が五〇〇キロメートルから五五〇〇キロメートルのもので、主としてソ連の西方(モスクワを含む)と西ヨーロッパに配備された核ミサイルを対象としていた。

(7) INF条約で実際に廃棄されたミサイルとミサイル発射機の数は次の通りである。

		米国	ソ連
中距離ミサイル	ミサイル	689	825
	ミサイル発射機	282	608
準中距離ミサイル	ミサイル	178	926
	ミサイル発射機	1	237

これらの戦略核弾頭の動きを示したのが図3であり、二〇〇〇年以降の動きは予測を交えたものである。

したがって今後の核兵器の削減を考える場合には、圧倒的な数を保有している米ロがイニシアティブをとり、削減を継続することがまず必要である。予定された交渉がうまく行けば、二〇〇七年頃には二〇〇〇発前後に削減されると予測されるし、ロシアの場合は国内の経済事情などでさらに大幅な削減が実施される可能性が高い。したがって、短期的な課題は、米国がロシアの要求に応じて自国も大幅に削減を継続するかどうかである。米国のブッシュ政権は、核兵器の一方的削減を実施する意欲も示しているため、一定数までの削減は可能であろう。

長期的な課題は、米ロが一〇〇〇発以下に削減した時に、中国、フランス、英国の核兵器をどう削減するかという問題である。いずれにせよ、五核兵器国の間での交渉が開始されることが必要になる。現在のところ、中国は核戦力の増強をめざしているが、フランス

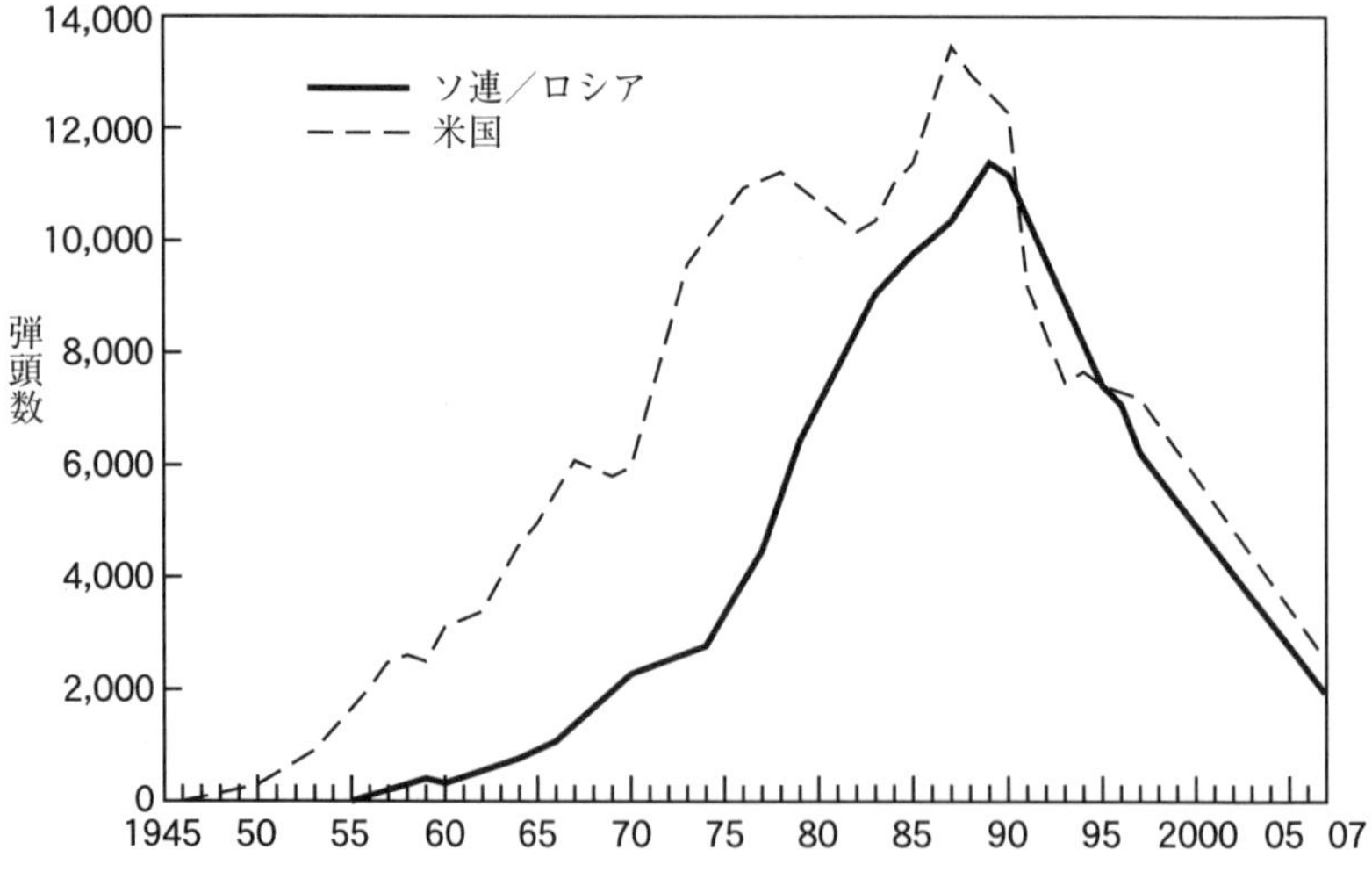

図3　米国とソ連／ロシアの戦略核兵器数の推移（1945―2007年）

と英国は自発的に自国の核戦力を縮小する方向に進んでおり、英国の核兵器は二〇〇発以下に削減されている。一つの方法は、ある時点での比率を維持したまま各国が削減する方法であり、他の方法は、多数保有する国から削減を開始し五核兵器国が同数になった時点から、同数の削減を実施するものである。さらに、米国、ロシア、中国は同数で、それより低い数で英国とフランスを同数とし、その比率を維持しつつ削減する方法も考えられる。

五核兵器国の核兵器が大幅に削減された場合、たとえば一〇〇発くらいになった場合には、当然のこととして、イスラエル、インド、パキスタンの核戦力を考慮する必要が生じるであろう。このように、核兵器廃絶への道のりの中心は核兵器の削減であり、ゼロに向けての進展をいかに実施していくかである。

核兵器実験の禁止

核兵器の増強が始まった一九五〇年代の時点で、核軍縮の方向に進むための具体的な措置として最初に議論されたのが、「核実験の禁止」であった。すなわち、新たな核兵器を開発し、より強力な核兵器を開発していく段階で実験は不可欠であるので、核兵器の質的な改善を阻止するために実験の禁止が有効であると考えられた。米ソ両国が原爆から水爆へ移行していく一九五〇年代前半に、多くの水爆実験が行われ、実際に被害がでたこともあり、これは国際的な関心を集めるものとなった(8)。

核実験を禁止する最初の条約は、一九六三年の「部分的核実験禁止条約（大気圏内、宇宙空間および水中における核兵器実験を禁止する条約）」（ＰＴＢＴ）である。これは条約の正式名が示しているように、地下での核実験を禁止していない。したがって、部分的核実験禁止と一般に呼ばれている。この条約により、特に大気圏内での核実験の結果生じる放射性降下物が人間や環境に与える悪影響が大幅に減少することになった。

しかしながら、核軍縮という本来の目的からすれば、核実験は引き続き、あるいは以前より頻繁に地下で実施されるようになったため、新たな核兵器の開発防止という目的は達成されていない。この条約は、米国、ソ連、英国の三国により交渉されたもので、三国ともすでに高度な技術をもっており核実験を地下に移行することに問題はなかった。

その意味でこの条約は、技術力の低いその他の国がまず大気圏内で核実験をすることを阻止しようという目的も含んでいた。実際に、一九六〇年に初めて核実験を行ったフランスと一九六四年に初めて核実験を行った中国は、この条約に加入せず、一九七〇年代末まで大気圏内での核実験を継続していた。またこの条約の締約国であったインドは、一九七四年に初めての核実験を地下で実施した(9)。

（８）一九五四年三月に米国がビキニ環礁で実施した水爆実験により、立入り禁止水域の外にいた日本のマグロ漁船第五福龍丸が放射能の被害にあい、その後乗組員の一人が死亡した。日本では、杉並区の主婦グループが原水爆禁止署名運動を始めたのをきっかけに、全国的に核実験反対運動が広がっていった。国際的には、インドのネルー首相が核実験の禁止を主張していた。

（９）インドは一九七四年の核実験は「平和目的」であって、核兵器開発の意図はないと述べていた。平和目的核爆発とは、運河やダムなどをつくるためのものである。しかし一九九八年の核実験については、核兵器開発の意図を明確に表明した。

表1　核実験の回数（1945―2000年）

年	米国	ソ連／ロシア	英国	フランス	中国	インド	パキスタン	合計
1945	1							1
1946	2							2
1947	0							0
1948	3							3
1949	0	1						1
1950	0	0						0
1951	16	2						18
1952	10	0	1					11
1953	11	5	2					18
1954	6	10	0					16
1955	18	6	0					24
1956	18	9	6					33
1957	32	16	7					55
1958	77	34	5					116
1959	0	0	0					0
1960	0	0	0	3				3
1961	10	59	0	2				71
1962	96	79	2	1				178
1963	47	0	0	3				50
1964	45	9	2	3	1			60
1965	38	14	1	4	1			58
1966	48	18	0	7	3			76
1967	42	17	0	3	2			64
1968	56	17	0	5	1			79
1969	46	19	0	0	2			67
1970	39	16	0	8	1			64
1971	24	23	0	5	1			53
1972	27	24	0	4	2			57
1973	24	17	0	6	1			48
1974	22	21	1	9	1	1		55
1975	22	19	0	2	1	0		44
1976	20	21	1	5	4	0		51
1977	20	24	0	9	1	0		54
1978	19	31	2	11	3	0		66
1979	15	31	1	10	1	0		58
1980	14	24	3	12	1	0		54
1981	16	21	1	12	0	0		50
1982	18	19	1	10	1	0		49
1983	18	25	1	9	2	0		55
1984	18	27	2	8	2	0		57
1985	17	10	1	8	0	0		36
1986	14	0	1	8	0	0		23
1987	14	23	1	8	1	0		47
1988	15	16	0	8	1	0		40
1989	11	7	1	9	0	0		28
1990	8	1	1	6	2	0		18
1991	7	0	1	6	0	0		14
1992	6	0	0	0	2	0		8
1993	0	0	0	0	1	0		1
1994	0	0	0	0	2	0		2
1995	0	0	0	5	2	0		7
1996	0	0	0	1	2	0		3
1997	0	0	0	0	0	0		0
1998	0	0	0	0	0	3	2	5
1999	0	0	0	0	0	0	0	0
2000	0	0	0	0	0	0	0	0
総計	1,030	715	45	210	45	4	2	2,051

注）1998年のインドとパキスタンの核実験はそれぞれ5回、6回と発表されたが、科学的根拠から一般には3回、2回と考えられている。

したがって、あらゆる環境におけるあらゆる核実験を禁止する「包括的核実験禁止条約」（ＣＴＢＴ）の必要性が主張されてきたが、その後の交渉はあまり進まず、一九九四年になってやっと本格的に開始された。

冷戦の終結により、一九九〇年代初めから中国を除く四核兵器国が核実験モラトリアム（自主的な一時停止）を実施したことなどを背景に、一九九四年一月からジュネーブ軍縮会議において交渉が開始され、一九九六年八月に一応の条約案が作成された。しかし軍縮会議における決定は全員の賛成によらねばならず、インドが最後まで反対を貫いたため軍縮会議では条約は採択できなかった。条約案は、軍縮会議を迂回して直接国連総会に提出され、そこでは三分の二の多数決で採択できたのであるが、実際は圧倒的多数の賛成により採択された。

この条約が可能になったのは、冷戦の終結によりそれまでの無制限な核軍拡競争が緩和される方向に進んできたこと、また技術的に、既存の核兵器の信頼性と

図４　核実験が実施された主な場所

安全性を維持するためには必ずしも核実験を必要としなくなったこと、核兵器の拡散が危惧されるようになり、新たな核兵器国の出現を防止するための措置として核実験の禁止が有効であると考えられたことなどである。[10]

この条約で禁止されているのは、「あらゆる場所における」核兵器の実験的爆発であり、これにより地下核実験が禁止されたことは大きな進展であり、正式名も「包括的」核実験禁止条約となっている。技術の発展とともに、開発途上国であっても最初から地下核実験を実施できるようになり、核不拡散の観点から考えた場合、地下での核実験を禁止することが必要であると認識されていたからである。

だが、注意を要するのは、ここで禁止されているのは、あらゆる場所における「核兵器の実験的爆発」であって、「核兵器の実験」ではないことである。すなわち爆発が起こる直前に停止する「未臨界（臨界前）核実験」は禁止されていないことになる。これは条約の交渉過程から明らかであり、当初核兵器国は小規模の実験的爆発が許されるような提案を出しており、最終的には、いかに小さくても爆発を伴うものは禁止するということになったのである。[11] 核兵器国は、未臨界核実験は、保有する核兵器の信頼性と安全性[12]を維持するために不可欠であり、新たな核兵器の開発を行うものではないと説明しているが、専門家の間では、この実験により得られるデータが、質的に新たな核兵器の開発

（10）この条約については、黒沢満「包括的核実験禁止条約の基本的義務」『阪大法学』第四七巻四・五号、平成九年一二月、一二〇七～一二二八頁参照。

（11）米国の最初の未臨界実験は、一九九七年七月にネバダ実験場の地下三〇〇メートルにあるトンネル内の実験室で行われた。それは七五キログラムの高性能化学火薬を起爆剤として用い、その衝撃波により超高圧状態を作り、約一・五キログラムの兵器用プルトニウムが正常な挙動を示すかどうかを実験するもので、プルトニウムが核分裂の連鎖反応を起こす直前まで圧力を加えるものである。米国はこれまで一二回実施しており、ロシアも数回実施している。

（12）核兵器の信頼性とは爆発すべきときに必ず爆発するという性質であり、安全性とは運搬中に爆発しないことなど、爆発すべきでないときには絶対爆発しないという性質である。

に有益であると言われている。

米国は未臨界実験を含む大規模な「科学的備蓄管理計画」[13]を推進しており、核実験を禁止されても、保有核兵器の安全性と信頼性を確保しようとしている。

この条約は、包括的核実験禁止条約機関（CTBTO）の設置を予定し、その内部機関として、締約国会議、執行理事会、技術事務局が含まれる。条約義務の履行を確保するための検証制度は、国際監視システム、協議と説明、現地査察から構成されている。国際監視システムには、地震波監視、放射性核種監視、水中音響監視、微気圧変動監視が含まれており、これらの観測所が世界中に設置され、ネットワークが形成される。[14]

現地査察[15]は、違反の疑いがある場合に締約国が執行理事会に要請することにより実施される。その方法については、迅速に実施すべきだと主張する米国、英国、フランスなどの西側諸国と、それは最後の手段であって慎重に実施すべきだと主張する中国、インド、パキスタンなどの見解が対立したが、執行理事会の五一カ国中三〇カ国の賛成があれば実施できることとされた。

この条約のもう一つの問題点は効力発生に関するもので、ジュネーブ軍縮会議に参加している国であって研究炉または動力炉をもつ四四カ国の批准がその条件とされた。交渉において、核兵器国である五大国と、インド、イスラエル、パキスタンの八カ国の批准を条約発効の条件とすることが合意されたが、イン

(13) 科学的備蓄管理計画とは、包括的核実験禁止条約が成立した後も、米国の核兵器の安全性と信頼性を維持するために、クリントン大統領が打ち上げたエネルギー省の計画で、流体力学実験（ロスアラモス）、高エネルギー密度実験（ローレンスリバモア）、兵器効果実験（サンディア）、未臨界実験（ネバダ）の四つの計画を含んでいる。

(14) 条約に違反して核実験が実施された場合にすぐにその事実を探知できるように、そして違反探知の可能性が高いことで核実験を実施させないようにするため、世界中で、地震探知については五〇の主要観測所と一二〇の補助観測所、放射性核種の観測所は八〇カ所、水中音響の観測所は一一カ所、微気圧変動の観測所は六〇カ所に設置される。水中音響を除く観測所が日本に八カ所設置される。

(15) 軍縮の義務が守られているかどうかを検証する方法には二種類あり、現地査察は実際に関係国家の内部に入り現地において違反があったかどうかを調べるものである。他の方法は「国家の技術手段」による検証と呼ばれ、主として偵察衛星からの監視によるものである。

ドなど三カ国を名指しで規定するわけにはいかないため、これら八カ国を含む客観的な条件が考えられこの方式となった。そのため、四四カ国すべてが条約発効に拒否権をもつことになり、ゆえに条約の発効は大幅に遅れるであろうと考えられている。

核兵器実験の禁止に関して、今後とられるべき措置の第一は、条約の早期発効に努力することである。英国とフランスは早い時期に批准し、ロシアは二〇〇〇年五月に批准したが、米国と中国はまだ批准していない。米国の上院は、一九九九年一〇月にこの条約の批准を拒否することを決定した[16]。さらにインド、パキスタン、北朝鮮は署名すらまだ済ませていない[17]。

第二は、条約発効に至るまで核実験のモラトリアムを継続することである。条約に署名した国は、まだ批准していなくても、条約の趣旨と目的を失わせる行為を慎む義務を国際法上負っており、すなわち核実験を実施しない義務を負っている。しかし、米国においても核実験の再開を主張する勢力があるし、中国は米国のＮＭＤ（国家ミサイル防衛）が展開されるような場合には、それに対抗するため攻撃兵器の開発のため核実験の再開が必要であると考えるようになるかもしれない。

第三の措置は、未臨界実験など新たな核開発の可能性のある行動を禁止することである。しかしこうした行動は、小さな実験室でも可能であるため、その

(16) 日本の場合、条約の批准は衆議院および参議院での過半数の賛成で承認され、場合によっては衆議院の過半数の賛成で承認されるが、米国では、上院一〇〇人のうち三分の二以上の賛成、すなわち六七人の上院議員の賛成を得なければならない。

(17) 二〇〇一年五月現在、四四の国のうち署名も批准もしていないのは、インド、パキスタン、北朝鮮の三カ国であり、署名しているが批准していないのは、米国、アルジェリア、イスラエル、イラン、インドネシア、エジプト、コロンビア、コンゴ民主共和国、中国、ベトナムの一〇カ国である。

検証はきわめて困難である。現在、米国もロシアも地下核実験場の中で実施しており、これは核実験場に必要な科学技術者を維持しておくこと、またいざというときに核実験を再開できる状況を維持する必要性が視野にある。したがって、地下核実験場の閉鎖という措置が追求されるべきであろう。フランスのムルロアと、旧ソ連領で現在はカザフスタン領となっているセミパラチンスクの核実験場は閉鎖されたが、米国のネバダ、ロシアのノバヤゼムリア、中国のロプノルは閉鎖されていない。三国とも核実験を禁止する条約に署名または批准しているわけであるから、これらの核実験場を一日も早く閉鎖すべきである。

核兵器の材料の生産禁止

前述の核兵器実験の禁止は、核軍拡競争の質的側面、すなわち新たな核開発の阻止を取り扱うものであるが、核兵器の材料の生産禁止は、核軍拡競争の量的側面を取り扱うものである。すなわち核兵器の爆発の材料となる濃縮ウランとプルトニウムの兵器用の生産を禁止するもので、これは一般にカットオフと呼ばれている。

いわゆるカットオフ条約（ＦＭＣＴ）は、兵器用の核分裂性物質の生産を禁止する条約であり、包括的核実験禁止条約（ＣＴＢＴ）が一九九六年に採択された後に、次の多国間核軍縮措置として交渉されることが期待されていたが、いまだに交渉は始まっていない。

冷戦の終結とともに、米ロは核兵器の削減を実施しており、解体された核兵器から核分裂性物質が取り出されている。米ロ両国においては、核兵器の材料がすでに大幅に余剰となっている。英国とフランスも核戦力の削減を一方的に実施しており、新たな兵器用の核分裂性物質を必要としてはいない。このような状況で、これらの四カ国はすでに、兵器用核分裂性物質の生産停止を宣言しており、もはや新たな生産を実施していない。他方、中国はこれまで生産停止宣言を行っていないので明確ではない。また中国は、五核兵器国の中で唯一核戦力の増強を進めていると一般に考えられており、米国のNMD（国家ミサイル防衛）への対抗上、戦略攻撃兵器の増強の可能性にも言及している状況である。

イスラエル、インド、パキスタンの三国は、核不拡散条約（NPT）に加入せず、兵器用の核分裂性物質の生産を継続していると考えられている。

この条約で期待されるのは、兵器用核分裂性物質の生産禁止であるが、核不拡散条約に加入している一八二の非核兵器国はすでにそのことを禁止されており、国際原子力機関（IAEA）の査察であ

表2　兵器用核分裂性物質の保有推定量

国名	プルトニウム	高濃縮ウラン	相当核兵器数
ロシア	130トン	1050トン	120000
米国	100トン	645トン	80000
英国	12トン	8トン	4000
フランス	5トン	25トン	3000
中国	4トン	20トン	3000
イスラエル	0.5トン		100
インド	0.3トン		80
パキスタン		0.2トン	20
総計	約250トン	約1750トン	約210000

る保障措置[18]を受けているので、影響が生じるのは、五核兵器国とイスラエル、インド、パキスタンである。五核兵器国のうち中国を除く四国はすでに生産停止宣言をしているので、条約の効果は、それらの宣言を法的約束として強化し、実際にそれが実施されているかを検証すること、および、中国、イスラエル、インド、パキスタンに生産停止の義務を課すことである。

また、非同盟諸国は、「将来の」生産禁止という内容では、実際の核軍縮に結びつかないとして批判しており、現在存在しているストックパイル（備蓄核物質）に対しても一定の規制を課すべきであると主張している。特に余剰となっている核分裂性物質に対する規制は必要であろうし、実戦配備されていない核兵器に含まれる核分裂性物質に対する規制も可能であろう。余剰核分裂性物質に対して国際原子力機関の保障措置を適用することについては、米国・ロシア・国際原子力機関の三者イニシアティブにおいて合意されており、部分的に実施されている。[19]

核兵器の拡散防止

一九六〇年代にフランスや中国が核実験を開始し、米英ソ以外に多くの核兵器国が出現する可能性が懸念され、新たな核兵器国の出現を防止することを主要な目的とする核不拡散条約（ＮＰＴ）が一九六八年に署名され、一九七〇年

（18）保障措置とは、国際原子力機関が非核兵器国に対して実施している査察である。核不拡散条約に入っている非核兵器国は原子力平和利用にかかわるすべての核物質について申告を行い、国際原子力機関はそれが軍事利用に転用されないように計量管理している。

（19）米ロは、核兵器を解体することにより生じる余剰核分裂性物質に対して、国際原子力機関（ＩＡＥＡ）の保障措置を適用することにすでに合意している。また両国はそれぞれ三四トンのプルトニウムが余剰であると発表している。

に発効した。条約は一九六七年一月一日前に核兵器を製造し爆発させた国を「核兵器国」と定義し、その他のすべての国を「非核兵器国」とした。当時のリストでは、西ドイツ、日本、イタリア、カナダ、スウェーデンなどがまもなく核兵器国になると考えられていた。[20]

現在では、インド、イスラエル、パキスタン、キューバを除く一八七カ国がこの条約の締約国となっており、当初懸念されていた上述の西側先進国はすべて核兵器を取得するという選択肢を放棄した。しかし冷戦中には、インドが一九七四年に核実験を実施し、南アフリカが核兵器を数発保有しており、ブラジルとアルゼンチンが核兵器の開発を進めていた。冷戦終結後に、南アフリカは保有していた核兵器を廃棄して「非核兵器国」として核不拡散条約に加入し、ブラジルとアルゼンチンも核兵器開発を停止し、条約に加入した。

しかし、冷戦終結後に、イラクと北朝鮮は条約の締約国であるにもかかわらず、両国において核兵器の開発または開発疑惑が明らかになった。イラクは一九九一年の湾岸戦争[21]の後に核兵器を開発していたことが明らかになり、国連イラク特別委員会（ＵＮＳＣＯＭ）と国際原子力機関（ＩＡＥＡ）により核兵器開発の関連施設や機材はすべて破壊された。北朝鮮については一九九三年に核兵器開発疑惑が発生し、一九九四年の米国と北朝鮮の「枠組み合意」[22]により、関連施設は凍結されており、「朝鮮半島エネルギー開発機構[23]（ＫＥＤＯ）」によ

(20) この条約の形成過程については、黒沢満『軍縮国際法の新しい視座―核兵器不拡散体制の研究』有信堂、一九八六年参照。

(21) 一九九〇年八月二日にイラク軍がクウェートに侵攻したのに対し、国連安全保障理事会の武力行使容認決議を背景に、米国を中心とする多国籍軍が一九九一年一月一七日からイラク軍に対する軍事攻撃を開始し、イラク軍をクウェートから撤退させた戦争。

(22) 一九九四年一〇月に米国と北朝鮮の間で合意された枠組みであり、条約ではないが、北朝鮮の核疑惑を解決するための基本文書である。そこでは、北朝鮮に対して軽水炉を提供すること、両国の政治経済関係の正常化、非核朝鮮半島の推進、北朝鮮のＮＰＴ残留などが合意された。

る軽水炉の建設が行われており、その中心部分が搬入される時には、ＩＡＥＡの特別査察が入り疑惑が解明されることになっている。

しかし、これらのケースは条約の締約国となって、核兵器を開発・製造しないことを約束しているにもかかわらず開発を進めていたものであり、その点がきわめて重要である。将来、同様のケースが発生することのないよう、これらの国に対し、厳格に対応することが不可欠である。

一九九八年五月にインドとパキスタンが核実験を実施したため、この条約で達成しようとしていた目的が大きく傷つけられた。両国は条約に加入していないため、条約義務の違反は発生しないが、国際核不拡散体制に対する重大な挑戦と受けとめられた。この二国は、条約の定義からすれば非核兵器国であるが事実上は核兵器国になっているという複雑な状況が生じている。事実上の核兵器国となっているインド、パキスタン、イスラエルを、南アフリカのように保有する核兵器を放棄して条約に加入させることが望ましいが、近い将来のその可能性はきわめて低い。したがって、南アジアと中東の安全保障環境を改善することをめざし、かつこれらの国が現状以上に核兵器を増強しないよう、包括的核実験禁止条約（ＣＴＢＴ）やカットオフ条約（ＦＭＣＴ）への加入を推し進めるべきである。そして長期的には、現在の五核兵器国の核兵器を大幅に削減することと並行して、インド、パキスタン、イスラエルを非核兵器国に戻す

(23) 一九九四年の米朝の枠組み合意に基づき、北朝鮮の黒鉛減速型原子炉を軽水炉に転換するのを支援するために設置された国際共同事業体で、一九九五年三月に発足した。日本、米国、韓国が原加盟国で、ＥＵ（欧州連合）とともに理事会を構成している。ＫＥＤＯは二〇〇三年までに二基の軽水炉を建設することになっており、その起工式は一九九七年八月に行われた。一九九八年七月の理事会で総事業費と各国負担が決められ、総額四六億ドル、韓国三二億二〇〇〇万ドル（七〇％）、日本一〇億ドル（二一・七％）となっている。一九九九年一二月に原子炉建設に関するＫＥＤＯと韓国電力公社との契約が成立した。

ことが必要である。

非核兵器地帯の設置

「非核兵器地帯」とは、核兵器がまったく存在しない一定の地域を意味するが、これまで条約により、次に述べる四つの地域で設置されている。核兵器不拡散という概念では、国家が核兵器を生産せず保有しないことを約束するが、非核兵器地帯という概念では、それらに加えて、他国の核兵器を配備させないという義務を含む。したがって、非核兵器地帯を設置すると、その地域の国家が自ら核兵器を生産したり保有したりしないことを約束するとともに、同盟国である核兵器国の保有する核兵器を自国領土に配備させないことをも約束する。

[i] ラテンアメリカ

一九六二年にキューバに配備されたソ連の核兵器をめぐって、米ソ間が核戦争の瀬戸際まで進んだこともあり、一九六七年にラテンアメリカに非核兵器地帯が設置された。冷戦期にはブラジルとアルゼンチンが覇権を争い、それぞれ核兵器の開発を進めていたため、条約には入っていなかった。しかし冷戦後は、両国とも条約に加入し、ほぼすべての国が加入している。

[ⅱ] **南太平洋**

次に、フランスの南太平洋での核実験に抗議することを主たる目的として、一九八五年に南太平洋に非核地帯が設置された。核兵器の配備や核実験を禁止するだけでなく、放射性廃棄物の海洋投棄なども禁止しているため、「非核地帯」と呼ばれている。包括的核実験禁止条約(CTBT)が採択される直前の一九九六年一月までフランスの核実験が実施されたが、その後、ムルロワの核実験場は閉鎖された。

[ⅲ] **南アフリカ**

冷戦が終結することにより、東西対立が消滅するとともに、米ロともさまざまな地域から軍事力の撤退を開始した。このことが新たな非核兵器地帯設置の大きな背景となっている。

アフリカでは、ソ連がアンゴラなどから撤退したことを主な要因として南アフリカが保有する核兵器を廃棄したことにより、非核兵器地帯の設置が可能となった。ここでは、一九六〇年のフランスによるサハラ砂

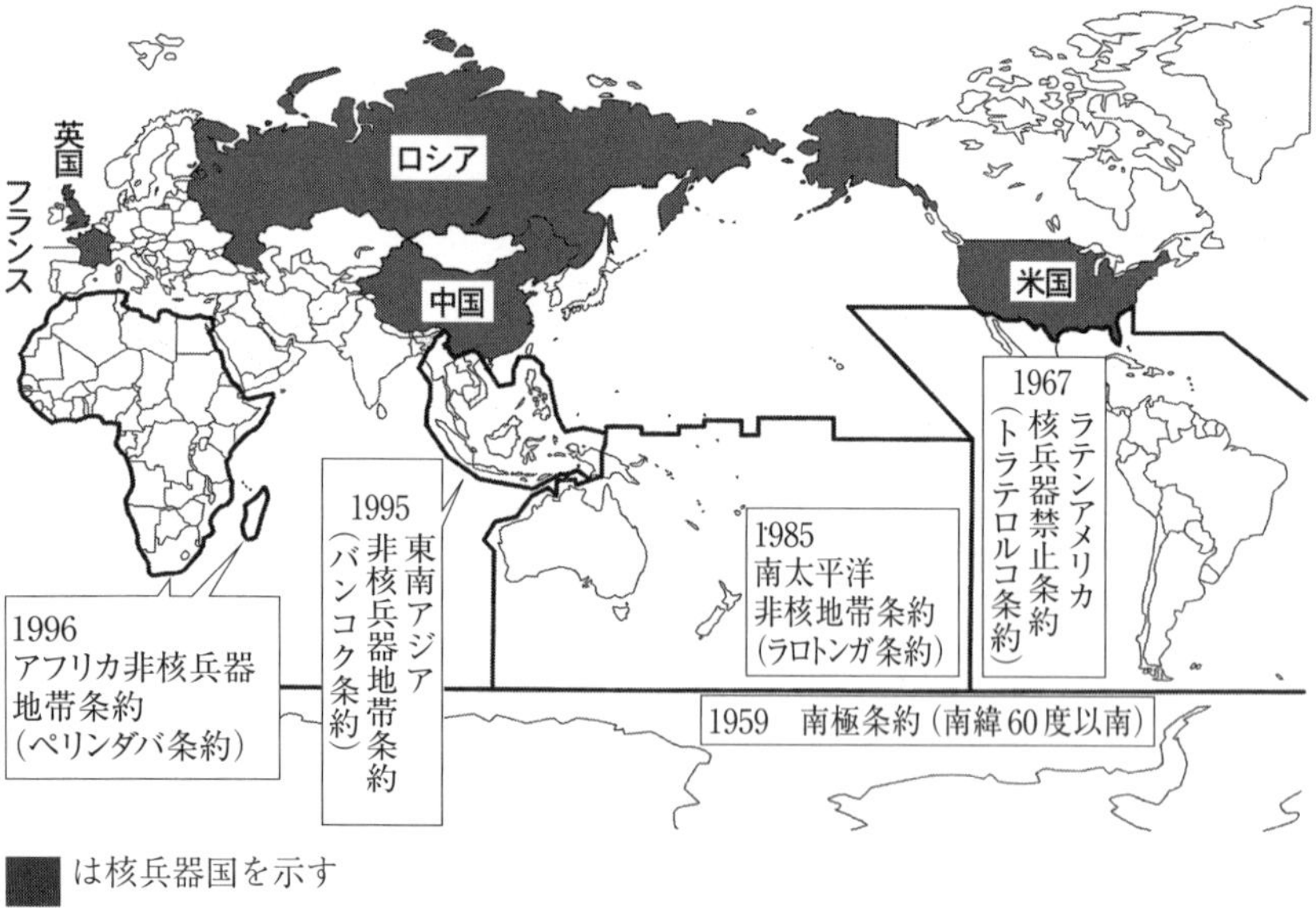

図5　世界の非核兵器地帯

漠での核実験の時から非核兵器地帯の設置が主張されていた。その後フランスの核実験が南太平洋に移ったこと、および南アフリカの核疑惑が存在していたことにより、非核兵器地帯の設置には長い間進展が見られなかったが、一九九〇年代に入って交渉が開始され、条約は一九九六年に署名された。

［iv］**東南アジア**

東南アジアでも冷戦の終結とともに、米ロの撤退が見られ、またカンボジア内戦が終結したことなどを背景に、さらに中国とフランスが核実験を続けていることへの抗議として、また中国の軍事大国化や核戦力増強に対する懸念の表明として、一九九二年頃から審議が始まり、一九九五年に条約が成立した。東南アジア諸国連合[24]（ＡＳＥＡＮ）が一九七一年に発表した東南アジア平和自由中立地帯（ＺＯＰＦＡＮ）構想の中にも、すでに非核兵器地帯の設置という考えは含まれていた。

これら四つの非核兵器地帯がすでに存在し、一〇〇以上の非核兵器国がそこに含まれている。またこれらの大部分は南半球にあり、南極を含むと南半球はほぼ核兵器の存在しない地域となっている。一九五九年に署名された南極条約は、核兵器のみならずあらゆる兵器の配備を禁止しており、南極は非軍事地帯となっている。

（24）東南アジア諸国連合は、一九六七年にインドネシア、マレーシア、フィリピン、シンガポール、タイの五カ国により結成された多目的の地域協力組織であり、その後ブルネイ、ベトナム、ミャンマー、ラオス、カンボジアが加入し、一〇カ国で構成されている。

したがって今後の課題は、北半球に多くの非核兵器地帯を設置していくことである。具体的には、次に述べるような地域での設置である。

［i］**モンゴル**

モンゴルはロシアと中国にはさまれた位置にあり、冷戦後は非同盟中立の立場をとっており、自ら非核であるとして一国非核兵器地帯を宣言していたが、一九九八年の国連総会において、「モンゴルの非核兵器地位」が承認され、各国がそれに協力することが要請された。一国であるため、非核兵器地帯ではなく非核兵器地位という呼び名が採用されたのである。

［ii］**中央アジア**

中央アジアの五カ国、すなわちカザフスタン、キルギス、タジキスタン、トルクメニスタン、ウズベキスタンの間で非核兵器地帯の設置が推進されている。冷戦終結後、ソ連の崩壊があり、カザフスタンの核兵器がすべてロシアに撤去され、セミパラチンスクの核実験場も閉鎖された。このイニシアティブの背景には、核実験や核物質による環境汚染の問題があり、またロシアと中国という核兵器国に囲まれた地政学的考慮もある。一九九七年の首脳会議および外相会議で交渉が始まり、一九九九年と二〇〇〇年には札幌で会議を開催するなど交渉が続けられており、近い将来条約が作成されるものと思われる。

［iii］**北東アジア**

北東アジア非核兵器地帯構想であるが、政府レベルではまだ交渉は開始されていない。冷戦終結後、韓国に配備されていた米国の核兵器はすべて撤去され、北朝鮮も国際原子力機関と保障措置協定を結んだ後、一九九二年一二月に両国は「朝鮮半島非核化共同宣言」(25)に合意した。これは核兵器の生産、所有、配備を禁止し、非核兵器地帯の義務を含んでおり、さらに核燃料再処理施設とウラン濃縮施設を所有しないことにも合意した。

しかし一九九三年に北朝鮮の核疑惑が表面化したことから、共同宣言の実施に関する交渉が停止されたため、この内容が十分履行されているかどうかは明らかではない。二〇〇〇年六月の南北首脳会談を契機として、両国関係が改善の方向に向かっており、この共同宣言が再確認され、実施される可能性は高い。また朝鮮半島エネルギー開発機構（ＫＥＤＯ）による軽水炉供与のプロジェクトの進展により、北朝鮮の核疑惑も解消されることが予定されている。

また日本はすでに「核兵器を持たず、作らず、持ち込ませず」という非核三原則(26)を国是として長い間維持してきており、大筋においてこれは非核兵器地帯の概念と同じである。したがって、上述の朝鮮半島非核化共同宣言と日本の非核三原則を基盤に、北東アジア非核兵器地帯を設置することはそれほど困難とは思われない。したがって、北朝鮮の核疑惑の解消と並行して、南北朝鮮と日本を含む非核兵器地帯の設置が推進されるべきである。

(25) 韓国と北朝鮮との間で一九九一年一二月三一日に署名され、翌年二月一九日に発効した共同宣言で、朝鮮半島の非核化を宣言している。この非核化の状態は南北核統制委員会により検証されることになっていたが、北朝鮮の核疑惑問題の発生とともに両国の関係は悪化し、検証は実施されていない。

(26) この原則は、一九六七年一二月の衆議院予算委員会において佐藤栄作首相の答弁ではじめて述べられ、一九七一年五月の衆議院本会議で沖縄返還との関連で決議が採択された。日本政府は、持ち込ませずは領土への配備のみならず、寄港や領海通航も含まれると説明してきたが、米国の核兵器搭載艦船が日本の港にしばしば入っていたと考えられている。一九九一年のブッシュ大統領の政策変更により、それ以降は核兵器搭載艦船の寄港はないと考えられている。

さらに、研究者の間で「限定的北東アジア非核兵器地帯」構想が検討されているが、これは南北朝鮮と日本のみならず、もっと広い範囲に設置しようとするものである。一つは、朝鮮半島の非武装地帯の中心から半径一二〇〇カイリ（約二二〇〇キロメートル）の円を描いた地域を含める考えであり、もう一つは米国のアラスカ、ロシアの東海岸、中国の東海岸、モンゴル、台湾までのフットボール型の地域を含むものである。これは核兵器国の領域の一部も含むものであるが、戦略兵器は規制せず、戦術兵器のみを規制するなど限定的なものとなっている。

[iv] 中部および東部ヨーロッパ

中部および東部ヨーロッパに非核兵器地帯を設置する構想もある。この地域は、冷戦中には米ソが直接対立した地域であり、ワルシャワ条約機構[27]のメンバー国にはソ連の核兵器が多数配備されていた。地上配備の中距離核戦力は、ワルシャワ条約機構加盟国に配備されたもの、および北大西洋条約機構[28]（NATO）に配備されたものも、一九八七年の中距離核戦略（INF）条約で全廃された。冷戦終結によるワルシャワ条約機構の解体およびソ連の崩壊により、中部および東部ヨーロッパのすべての国から核兵器が撤去され、すべてロシアに移された。

その結果、現在のところ、ヨーロッパにおいては米国の少数の核兵器がドイ

(27) ワルシャワ条約機構は、一九五五年にソ連、アルバニア、ブルガリア、チェコスロバキア、東ドイツ、ハンガリー、ポーランド、ルーマニアにより設置された東側の同盟である。冷戦終結後、一九九一年七月に解体された。

(28) 北大西洋条約機構は、対ソ共同防衛体として一九四九年に米国と西ヨーロッパ諸国により結成された。冷戦後も活動を継続しており、新たにポーランド、ハンガリー、チェコを加盟国に受け入れ、現在一九カ国で構成されている。

ツ、ベルギー、オランダ、イタリア、トルコ、ギリシャに配備されているが、それ以外の非核兵器国にはもはや配備されていない状況となっている。中部ヨーロッパと東部ヨーロッパを合わせて中東欧と呼ぶが、それはバルト海から黒海までという解釈がされることもある。具体的には、エストニア、ラトビア、リトアニアのバルト三国、ポーランド、チェコ、スロバキア、ハンガリー、ルーマニア、ブルガリア、さらにベラルーシ、ウクライナ、モルドバを含む地域である。

ベラルーシが中心となって、ヨーロッパの中央に「非核兵器スペース」を設置すべきだという提案が出されているが，実際には交渉は開始されていない。特に新たにNATOに加入した三国（ポーランド、ハンガリー、チェコ）ならびにNATO加盟を希望している諸国がこの提案に反対している。それは核兵器が配備されている西ヨーロッパ諸国と同等でありたいという形式的な論理からであり、地域の安全保障の促進や戦略的必要性を理由に反対しているわけではない。したがって、NATO側が安全保障の観点から検討し、核戦争の回避や国際の平和と安全保障といった観点から議論し、非核兵器地帯設置の方向に進むべきである。

また現在、核兵器国が自国領域外に核兵器を配備しているのは、西ヨーロッパの上述の六カ国に全体で一五〇発程度を米国が配備しているケースだけである。冷戦時にはこの地域に約七〇〇〇発の核兵器が配備されていたことを考えると、大幅に削減されていると言えるが、それは軍事的な安全保障の観点から配備が必要というのではなく、米国と西ヨーロッパ諸国の同盟関係の象徴として配備しているというのが実際の理由である。しかし、日米安全保障条約のように、他の地域では、核兵器の配備なしに同盟関係の強い結びつきが存在しているのであり、こういった象徴的な意味でしかない核兵器を米国は早急に撤去すべきである。

［v］中東

中東地域ではイスラエルのみが核兵器を保有していると考えられているが、イスラエルは「中東に核兵器を導入する最初の国にはならない」と宣言するだけで、保有を明確にはしていない。中東のアラブ諸国あるいはイスラム国家は、イスラエルの核兵器を排除するために、一九七四年から国連総会での議題として中東非核兵器地帯の問題を取り上げている。一九九〇年にはエジプトが中東での大量破壊兵器の存在しない地帯の設置を提案した。これは「非大量破壊兵器地帯」として、核兵器、化学兵器、生物兵器をすべて排除しようとするものである。

イスラエルが核兵器を保有していると考えられていることに対抗して、中東イスラム諸国のいくつかは化学兵器や生物兵器を保有し、「貧乏人の核兵器」

としてそれでバランスを維持しようと考えている。したがって、中東における非核兵器地帯の設置は、他の大量破壊兵器との関連において議論される必要があるだろう。また中東において、非核兵器地帯または非大量破壊兵器地帯が設置されるためには、中東和平プロセスの進展が不可欠であろう。イスラエルとエジプト、ヨルダン、パレスチナ国家との間には平和条約があるが、他の中東諸国との間には平和条約すら存在しない状況であるので、中東全体の平和プロセスの進展に努力がなされるべきである。

［vi］南アジア

南アジアでは、インドの最初の核実験が実施された一九七四年から国連総会で議論され、決議が採択されている。インドは南アジアだけでなく中国をも含めた安全保障環境に関心があり、非核兵器地帯もその関連において議論しようとしているが、他方、パキスタンはインドを含む南アジアの安全保障環境の下において、非核兵器地帯を設置すべきだと主張していた。このように両国の関心の対象は同じではない。

インドとパキスタンは一九九八年五月にそれぞれ核実験を実施し、核兵器とミサイルの開発および増強を明言しているため、即時に非核兵器地帯の交渉を行うことは困難であろうが、南アジアの安全保障環境の改善、特にカシミール紛争の平和的解決、インドと中国との関係改善などを含めた全体的な安全保障環境の改善が必要であり、その方向に向けての努力がなされるべきである。

核兵器の使用禁止

広島・長崎で核兵器が使用されて以来、五十数年にわたり核兵器は一度も使用されていない。しかし、核兵器国の核ドクトリン[29]においては、核兵器を使用することを前提に計画が立てられ、使用を前提として核兵器が配備され、運用計画が立てられている。特に、核兵器を保有する国々およびその同盟国は、核抑止論によってこれまで世界の平和が維持されてきたと考えている。

核抑止論とは、相手からの攻撃があった場合には、それを圧倒するような核兵器による反撃を行うという意図と能力を前もって示すことにより、相手の攻撃を抑止しようとするものである。一九六〇年代に成立したと考えられている「相互確証破壊」理論では、米ソの間に相互に確実に相手を破壊する能力があるので、お互いに抑止され核戦争は起こらないとされた。しかし、この考えは「恐怖の均衡」と言われているように、お互いに一触即発の状態にあり、かろうじて核戦争を回避しているというきわめて不安定なものである。また相手の新たな核開発に常に注意しなければならず、絶えずバランスが崩れないための軍拡競争を引き起こすものであった。

ここで核兵器の使用禁止を検討するにあたって三つの要点を整理して述べ

(29) 各核兵器国が自国の核兵器の役割や機能、使用条件などを定めた教義または原則。

る。

［i］国際司法裁判所の勧告的意見

第一に検討すべきは、国際司法裁判所の勧告的意見(30)である。国際司法裁判所は、国連総会の要請に応えて、一九九六年七月に「核兵器の威嚇または使用の合法性」に関する以下のような勧告的意見を出した。

A項では、核兵器の威嚇または使用を特に容認する国際法はないこと、B項では核兵器の威嚇または使用を包括的に禁止する国際法はないことを述べている。

C項では、国連憲章第二条四項と第五一条に違反する核兵器の威嚇または使用は違法であると、武力行使一般との関連で述べられている。すなわち、国連憲章においては、第二条四項であらゆる武力行使は禁止されており、それが例外的に許されるのは、第五一条に規定された武力攻撃に対応する自衛の場合のみである。この条件は核兵器の場合にも当然あてはまる。

D項は、核兵器の威嚇または使用は国際人道法と核兵器に関する条約と両立するものでなければならないと述べており、人道的立場から戦争時における武力行使を制限する国際法と核兵器に関する条約に従うことを義務づけている。

これまでの意見の流れの中で結論となったのがE項(31)であり、そこでは、「核兵器の威嚇または使用は人道法に一般に違反する。しかし自衛の極端な状況で

(30) 国際司法裁判所は、国連の主要機関の一つであり、国家間の紛争について判決を下す権限と、国際機関からの勧告的意見の要請に答える権限をもっている。日本の裁判所には勧告的意見に関する権限はない。勧告的意見は、国連安全保障理事会と総会、および総会の許可を得たその他の国際機関が法的問題について要請できるもので、判決とは異なり意見は法的拘束力をもたないもので、助言にすぎないが、裁判所の権威ゆえに高い価値が与えられている。

(31) E項の全文は、「核兵器の威嚇または使用は、武力紛争に適用可能な国際法の規則、特に人道法の原則と規則に一般に違反する。しかし、国際法の現状および裁判所が入手できる事実要素の観点からして、国家の生存そのものが危機に瀕しているような自衛の極端な状況において、核兵器の威嚇または使用が合法であるか違法であるかを決定的に結論することはできない」となっている。

は結論できない」と述べられている。

結論のA項からD項は裁判官の全会一致で決定されているが、E項は七対七の同数になり、裁判長の決定票により決まったものである。七人の反対票を投じた裁判官のうち、四人は人道法に必ずしも違反しないとして反対しているが、他の三人は人道法に一般に違反するという個所には賛成であるが、後半の自衛の極端な状況でも違反であると考え、反対を唱えていた。したがって、前半部分の「人道法に一般に違反する」という個所には一〇人の裁判官が賛成し、四人が反対したことになる。

国際司法裁判所が、このように、一般的には核兵器の使用は国際法違反であるという見解を示したことは、核兵器の使用禁止に関する国際法の発展に大きく貢献している。勧告的意見はそれ自体が法的拘束力を持つものではないが、国際司法裁判所の意見として大きな権威をもつものである。

後半部分の「自衛の極端な状況」においては裁判官の見解が分かれているが、かりに合法だとしてもその範囲はきわめて限定されている。まず、自衛の一般的条件を満たさなければならない。すなわち、相手国からの違法な武力攻撃があり、緊急な事態で他にとる手段が残されておらず、その反撃は攻撃を阻止するために均衡のとれたものでなければならない。これらの条件を満たしたうえでさらに、「国家の生存そのものが危機に瀕している」という極端な状況であることが必要である。

これは、冷戦期の核兵器国のドクトリンは言うまでもなく東西対立が消滅した現在のそれよりもきわめて限定的であり、各核兵器国はそのドクトリンをこの意見に従って変更すべきであることを示している。

[ii] 核兵器の先制不使用

第二に、核兵器の使用を全面的に禁止することが望ましいが、「核兵器を先に使用しない」という「先制不使用[32]（no first use）」という政策の採用または条約の作成が現実的であろう。つまり、相手が先に核兵器を使用した場合にのみ、その反撃として核兵器を使用することがあるが、先には使用しないというものである。すべての国が先に使用しないことを約束すれば、どの国も使用しないので、理論的には核兵器使用の全面禁止と同じになる。

現実には、核兵器国が核兵器を保有しているわけであるから、段階的に先制不使用から始めるべきであろう。長期的には核兵器使用の全面禁止が望ましいが、それは核兵器の保有自体をも違法化するので、すぐには困難である。

先制不使用政策を採用すれば、核兵器の攻撃に対しては核兵器で反撃できるが、通常兵器による攻撃や化学兵器、生物兵器の攻撃に対しては核兵器で反撃できないことになる。この政策は抑止論にも適用されるので、核兵器による抑止の対象は核兵器による攻撃のみとなる。これにより、核兵器のもつ政治的お

(32) 核の「先制不使用」という訳語は誤解を招きやすいが、先制攻撃（first attack）は国連憲章でいかなる兵器であれすべて禁止されている。したがって、議論はすべて、相手国が違法に武力攻撃をしかけた場合にどう対応するかという自衛の場面で考えられている。

よび軍事的有用性は大きく低下し、核軍縮は促進される。

中国は一九六四年の最初の核実験の時以来、一貫して「核兵器を使用する最初の国にはならない」と宣言しており、先制不使用政策を繰り返し主張している。ただし、この宣言についてはそれ以上の説明がないので、現実の軍事ドクトリンや核兵器の配備状況が明らかでなく、その宣言に対して疑問が呈されることがある。

米国を中心とするＮＡＴＯ諸国は冷戦中も冷戦後も、先制不使用政策を採用していない。冷戦中はソ連を中心とするワルシャワ条約機構軍が通常兵器において圧倒的に優勢であったため、ＮＡＴＯ側は、通常兵器で反撃しきれない場合には核兵器を先に使うことがあるというドクトリンを採用していた。冷戦終結にともない、東側諸国の通常兵器も大幅に削減され、ワルシャワ条約機構も解体したにもかかわらず、ＮＡＴＯは依然として先制不使用政策を採択していない。

ソ連は冷戦期には先制不使用政策を宣言していたが、冷戦終結後の通常戦力の弱体化やワルシャワ条約機構の解体などの影響で、一九九三年にはその政策を放棄しており、二〇〇〇年の軍事ドクトリンでは、核兵器の使用の重要性を再度強調している。ロシアは全体的な軍事力の低下の中で、核兵器の保持が大国の地位の象徴でもあると考えており、そこでは核兵器の重要性が再確認されている。

NATOにおいては、ドイツやカナダその他の非核兵器国メンバーが先制不使用政策を採択すべきであると主張していることもあり、まずNATOが採択に努力すべきであろう。また中国の政策も、核兵器の配備状況や使用ドクトリンをもっと明確にすることにより、先制不使用政策を強化すべきである。米国と中国との間で先制不使用を約束することも可能であろうし、ロシアも含めた多国間条約の作成に進むべきであろう。[33]

[iii] 消極的安全保障

第三に、核兵器の取得の可能性を放棄した国に対して核兵器を使用しないという「消極的安全保障[34]」という考えがある。核不拡散条約では、五核兵器国以外の非核兵器国が核兵器を生産せず保有しない義務を引き受けるので、その代償として条約に加入した非核兵器国に対しては核兵器を使用しない約束を要求していた。これまで核兵器国は、条件付きではあるが政治的な宣言として消極的安全保障を約束してきた。

その内容は、当該非核兵器国が、核兵器国と連携または同盟して攻撃する場合を除いて、核不拡散条約の締約国である非核兵器国に対し、核兵器を使用しないことを約束するものである。米国、ロシア、英国、フランスがこのような宣言を出しており、中国は非核兵器国に対しいかなる時にもいかなる状況にお

(33) この問題については、黒沢満「核の先制不使用を巡る諸問題」『軍縮・不拡散シリーズ』(日本国際問題研究所軍縮・不拡散促進センター)第一号、一九九八年八月参照。

(34) この問題は核不拡散条約の締約国である非核兵器国の安全保障をどう確保するかという観点で議論されてきたものである。ここでの消極的安全保障は、核兵器を使用しないという不作為を含むので消極的と呼ばれており、他方、核攻撃の犠牲国を援助するという能動的な行為を含むものは、積極的安全保障と呼ばれている。

いても核兵器を使用しないと約束している。

これらの約束は、現在のところ政治的な意図の表明として国際会議の場などで正式に宣言されてはいるが、一方的に変更することも可能であるので、これらを法的拘束力ある条約の形で約束することが必要である。[35]

この消極的安全保障は、非核兵器地帯条約の場合にはその附属議定書で定められており、核兵器国は法的拘束力のある形で核兵器の使用禁止を約束している。現在南半球を中心に四つの非核兵器地帯が設置されており、すべての非核兵器国を合わせると一〇〇以上になる。その意味で非核兵器地帯の追加的な設置が必要であるし、既存の条約の附属議定書に署名・批准を済ませていない核兵器国は、即時に法的に約束することが必要である。

しかしながら、まだ非核兵器地帯の設置に至っていない非核兵器国に対しても、核兵器を製造・保有しないことを法的に約束している非核兵器国に対しては、核兵器の使用禁止を法的に約束すべきである。

(35) この問題については、黒沢満「軍縮と非核兵器国の安全保障」『国際法外交雑誌』第七八巻四号、一九七九年、黒沢満「積極的安全保障から消極的安全保障へ」『神戸法学雑誌』第三〇巻二号、一九八〇年、浅田正彦「非核兵器国の安全保障の再検討」『岡山大学法学会雑誌』第四三巻二号、一九九三年参照。

二　核兵器廃絶は可能か——専門家の諸提案

前節では、核兵器の廃絶に向けて今すぐ始めるべき措置は何かという観点から、きわめて具体的で即時に実施可能な措置を、これまでの成果を踏まえながら検討してきた。本節においては、もう少し長期的な観点から、特に専門家の間で議論され、提案されている諸措置を検討する。これらの提案は、各国の政府のイニシアティブによるものも含まれるために政府の意見に近い場合もあるが、基本的には政府と独立した専門家の意見である。後の第三節で検討するのが政府レベルでの議論である。

冷戦の終結後一九九〇年代の半ばから、国際社会において核兵器の廃絶を求めるさまざまな声が聞かれるようになった。それは、冷戦の終結とともに東西のイデオロギー的な対立が消滅し、米ソ、米ロの間で戦略核兵器の大幅な削減に合意がみられ、現実に核兵器の削減が開始されたからである。

たとえば反核NGOのネットワークである「アボリション二〇〇〇」[36]は、一九九五年に、すべての国に対して、限られた時間枠を決め、有効な検証と執行のための条項を備え、核兵器の段階的撤去を求める核兵器廃絶条約の交渉をただちに開始し、二〇〇〇年までに締結することを求めていた[37]。

キャンベラ委員会報告書

一九九五年一〇月の国連総会において、オーストラリアのキーティング首相は、核兵器のない世界における安全保障の問題を検討し、その目標に向けての実際的な措置を提案するため、世界中の有識者からなる「核兵器廃絶に関する

(36) アボリション二〇〇〇は、核兵器廃絶に向けたNGO（非政府機関）の地球的ネットワークであり、現在二〇〇〇以上のNGOと自治体が参加しており、世界最大のものである。アボリション二〇〇〇には、日本から約五〇のNGOと二つの自治体が参加している。

(37) 核兵器廃絶に関しては、核戦争の危険に対して、国家の一員としてではなく人類という種の一員として新たな仕方で考えるべきであると訴えた一九五五年のラッセル＝アインシュタイン宣言の精神を引き継いでいるパグウォッシュ会議でもしばしば議論されている。その成果の一つとして、ジョセフ・ロートブラット他編著、小沼通二他監訳『核兵器のない世界へ』かもがわ出版、一九九五年がある。

キャンベラ委員会」を設置することを明らかにした。学者、元軍人、政治家、大使などさまざまな専門分野からの一七名による委員会は、一九九六年一月より議論を開始し、八月に報告書を提出した。

報告書はまず、唯一の完全な防御は、核兵器の廃絶とそれらが再び生産されないという保証であると述べ、冷戦の終結は核兵器を廃絶しようとする国際的行動の新しい環境、新しい機会を生み出したので、これを追求すべきだと述べる。

そのための第一の要件は、五核兵器国が核兵器廃絶を明確に約束すること、そしてその達成のために必要な実際的な措置と交渉について即時に作業を開始することに合意することであるとしている。さらに、この約束は最高の政治レベルで行われなければならないこと、最初の措置は一九九七年に実施されるよう交渉は直ちに開始されるべきこととされている。この考えは、後の新アジェンダ連合の提案に大きな影響を与えている。

ここでは、「即時にとるべき措置」として以下が提案されている。

[i] 核戦力を警戒態勢(38)から解除すること
[ii] 核弾頭を運搬手段(39)から取り外すこと
[iii] 非戦略核兵器の配備を停止すること
[iv] 核実験を停止すること

(38) 警戒態勢とは、核兵器をいつでも即時に発射できる状態を維持することであり、相手の攻撃を抑止するために必要であると考えられてきた。しかし冷戦が終結し、東西対立が消滅した時期において、警戒態勢を維持していると、相手の行動を誤って解釈したり、事故などで核兵器が発射される可能性が高いことから、その態勢を見直すことが主張され、部分的には実施されている。

(39) 核兵器は主としてその射程により、戦略核兵器とそれ以外に区別される。戦略兵器は米国とソ連またはロシアとの間での使用を目的とする大陸間弾道ミサイル（ＩＣＢＭ）（射程五五〇〇キロメートル以上）、潜水艦発射弾道ミサイル（ＳＬＢＭ）爆撃機から構成される。戦略兵器は、冷戦期には戦略兵器制限交渉（ＳＡＬＴ）において、冷戦後は戦略兵器削減交渉（ＳＴＡＲＴ）において交渉され、制限、削減されている。非戦略兵器については、冷戦末期に、米ソ間で中距離核戦力（ＩＮＦ）条約が締結され、一部は廃棄されているが、多くの部分は規制されていない。

［v］米ロ核兵器の一層の削減の交渉を開始すること

［vi］核兵器国間で相互的な先制不使用[40]を約束すること、および非核兵器国との関係において使用禁止の約束に合意すること

さらに、これらの措置の履行のうえにとられるべき「補強措置」として、以下が提案されている。

［i］一層の水平的拡散を防止するための行動をとること

［ii］核兵器のない世界のための検証取り決めを開発すること

［iii］核爆発目的の核分裂性物質の生産を停止すること

最終段階として、すべての核兵器国が核弾頭を一〇〇まで削減すること、そしてゼロに至ることとなっている。しかしここでは、時間的枠組みまでは設定されなかった。また核兵器のない世界のための環境を作るものとして、ＡＢＭ（対弾道ミサイル）条約の厳守、非核兵器地帯の設置、核の貿易と輸出管理、他の大量破壊兵器の廃棄が挙げられている。

この報告書は、核兵器廃絶が必要であり可能であるとする本格的研究の最初のものであり、冷戦の終結により核兵器廃絶の新たな環境と機会が生み出されたとの認識に基づいて、まず核兵器国が核廃絶の明確な約束を行い、具体的措置を精力的に実施することを求めている。ゆえに、国際社会に大きな影響力を与えるものとなり、またその後のさまざまな提言の出発点にもなっている。

（40）先制不使用（no first use）とは、核兵器の使用を相手の核攻撃に対する反撃の場合に限定する政策であり、通常兵器や生物・化学兵器による攻撃に対しては核兵器を使用しない政策である。現在のＮＡＴＯおよびロシアの核政策は、先制不使用政策を採用していない。中国は以前から先制不使用政策を宣言している。

スティムソン・センター報告書

米国の元軍人、政治家、戦略研究家など一七名による核兵器廃絶に向けての研究が一九九四年から開始され、その報告書が一九九五年一月、同一二月、一九九七年三月に出されている。

この報告書は、冷戦後の核兵器の役割とリスクを根本的に再評価する必要があるとの考えに基づき、主として米国の政策および米国の国際関係における核兵器の役割を議論したものである。米国の核兵器はその政治的および軍事的有用性が低下しており、米国の安全保障は、すべての国家の核戦力を段階的に削減し、すべての大量破壊兵器を撤廃する目的へ向かうことにより達成されると述べ、核兵器の廃絶に至る段階を四つに区分し、そこでとるべき措置を以下のように提言している。

第一段階は、まず米国の政策として、核兵器の全廃という目標に改めて決定的に取り組むという大統領の声明が出されるべきであり、核戦力のレベルと実戦配備状況については、米ロ二国間において核弾頭をそれぞれ二〇〇〇発以下に削減すべきであり、警戒態勢を低下させることが必要である。軍備管理協定としては、①STARTⅡ条約および化学兵器禁止条約の批准と実施、②CTBT（包括的核実験禁止条約）の締結、③兵器用核分裂性物質の生産停止、④核兵器の安全や保安について対話を始めるべきである。戦略計画については、検証や保障措置、同盟国との関係、通常兵器への影響などの課題が研究されるべきで、また防衛システムの再検討が必要である。

第二段階は、五核兵器国がそれぞれ数百発以下に核弾頭を削減し、五核兵器国すべての警戒態勢を低下させるべきであり、核兵器の透明性に関する措置が英仏中にも拡大されること。

第三段階は、すべての残存核兵器を数十発以下に削減し、厳格な国際査察制度を確立し、そして第四段階は、残りの核兵器が廃棄され、国際的に監視・管理される検証能力が確立されること。

この報告書は、厳格な時間的枠組みは設定していないが、核軍縮の段階的推進の方法を提示するとともに、それを支える国際社会の制度的発展を詳細に検討している点に特徴がある。すなわち、核廃絶は核兵器の削減のみによって達成されるわけではなく、そのプロセスにおいても削減に対応した国際システムの構築が強調されているのである。

米国科学アカデミー報告書

一九九七年六月に、米国科学アカデミーの国際安全保障・軍備管理委員会は「米国の核兵器政策の将来」と題する報告書を提出した。この委員会は、一六名の科学者、エンジニア、政策分析者からなり、冷戦終結後の状況を検討し、米国の核政策の変更に向けての見解を以下のように述べている。

まず、過去において米国が実施していた核抑止のジレンマと危険は、冷戦後の安全保障環境においては核抑止を核攻撃の抑止という中核機能[41]に限定することにより、緩和できるし、緩和すべきであると結論する。この核兵器の中核機能が有効になるためには、その核兵器政策の変更を実施すべきであるとし、第一に短・中期的な核兵器削減を検討し、第二に核兵器の保有が必要とも正当ともみなされないような国際状況の促進のための長期的努力を検討している。

第一の核戦力の削減と核政策の変更は、事故による核使用を減少させ、核不拡散体制を強化し、米ロの削減により他の核兵器国を説得できることにつながり、米国および世界の安全保障を強化するとして、以下の措置を提案している。

［i］STARTⅢ条約の交渉を開始することにより、ロシアによるSTARTⅡ条約の批准を促進すること
［ii］警戒レベルを一層低下させること
［iii］ロシアの核兵器と核物質の防護を向上させること
［iv］継続的警戒態勢を解除すること
［v］核兵器運用理論を改正し、より柔軟な計画システムへ移行すること
［vi］積極的および消極的安全保障を強化すること
［vii］核兵器先制不使用政策を採択すること

(41) 中核機能と言われているのは、核抑止の役割を、現在NATOやロシアが採択している広い範囲から中核的なものに限定するものであり、具体的には、通常兵器や生物・化学兵器に対する核抑止政策を放棄し、核抑止を核兵器の攻撃の場合に限定するものである。

［viii］非核兵器地帯を設置すること

国際安全保障環境の変化により核兵器の一層の削減が可能になり、ＳＴＡＲＴⅢの後にはあらゆる核兵器を含め約一〇〇〇発に削減できると述べ、米ロはさらに数百発まで削減し、他の核兵器国はそれ以下にすることが考えられている。

第二の核兵器の禁止については、それが核兵器の使用の可能性を除去し、他の国が核兵器を取得する可能性を減少させ、核兵器を道義的にも法的にも違法にできるという三つの利益があり、その移行期に残りの核兵器を管理する国際機関を設置するか、もしくは直接に核兵器の禁止に至ることができると述べる。また核兵器を世界的に禁止した場合の利益は現在の危険と較べてきわめて魅力的であるので、そのために必要な条件を検討し促進すべきであると結論している。

この報告は、米国の学界最高レベルの見解として示されており、まず核兵器の意義を中核機能に限定する必要性を強調し、さらに核兵器の「廃絶」ではなく「禁止」に重点を置いているところが特徴的である。

退役軍人たちによる声明

一九九六年一二月四日に、元米戦略軍最高司令官のＬ・バトラーと元欧州最高統合司令官のA・グッドパスターが、世界中のすべての核兵器を廃絶すべき方向に進むべきであるという声明を発表し、また、翌日、一七カ国の六一人の退役軍人が同様の声明を発表した[42]。これらの声明においては、冷戦の終結とともに核兵器の有用性は急激に低下したこと、したがってその数を大幅に削減し警戒態勢を低下させ、その究極的な完全な廃棄を探求することにより得られるものが多くあり、以下の三点が緊急に必要で今すぐ実施されるべきであると述べられている。

[i]現在および計画中の核兵器の量は極端に多すぎるので、今すぐ大幅に削減されるべきである

[ii]残った核兵器は徐々にかつ明確に警戒態勢から解除され、核兵器国においてその準備態勢を大幅に低下させるべきである

[iii]長期的な国際的な核政策は、核兵器を継続的に、完全かつ不可逆的に廃棄するという原則に基づかなければならない

この二つの声明がきわめて重要なのは、これが、核兵器の実際の作戦計画および指揮命令に直接かかわっていた軍人によるものであり、冷戦中は有益であり使用可能なものと考えられていた核兵器が冷戦後は不必要であり大幅に削減すべきと主張されており[43]、核兵器の有用性に対する認識の大転換が示されているからである。

(42) 日本からは以下の二名が参加した。志方俊之陸将（退役）・元陸上自衛隊北部方面総監、左近允尚敏海将（退役）・元平和安全保障研究所上級顧問。

(43) 核兵器の運用に実際に携わっていた人たちの核廃絶に関する考えを、主としてインタビューを中心にまとめた書物として、ジョナサン・シェル著、川上洸訳『核のボタンに手をかけた男たち』大月書店、一九九八年がある。

世界の文民指導者の声明

一九九八年二月二日に、世界の文民指導者が核兵器の廃絶に向けての声明を発表した。ここには、カーター元米国大統領、ゴルバチョフ元ソ連大統領、日本の五人の元首相ら四六カ国の一一七名が含まれている。(44)

声明は、冷戦の終結により核兵器の壊滅的な脅威のない世界の実現が手の届くものになったとの認識の下に、核兵器国の指導者は、核兵器を組織的かつ漸進的に削減しその重要性をなくす作業を開始し、最終的に核兵器を廃絶することを明確に宣言すべきだと述べている。

ただちにとられるべき措置として、以下のものを提案している。

[i]核兵器の臨戦態勢を解除すること
[ii]核兵器を運搬手段から取り外すこと
[iii]兵器用核分裂性物質の生産を停止すること
[iv]包括的核実験禁止条約（CTBT）が発効まで核実験を停止すること
[v]STARTⅡの批准に関係なく一層の削減交渉を開始すること
[vi]他の核兵器国が比例関係に基づいた削減へ参加すること
[vii]核廃絶に向けた措置の実施、達成、執行の計画を作成すること

さらに追加的措置として、以下のものを提案している。

(44) 日本からは、羽田孜、細川護熙、宮沢喜一、村山富市、竹下登の元首相のほか、土井たか子、後藤田正晴、平岡敬、伊藤一長、河野洋平、鯨岡兵衛、大江健三郎が参加している。

[ⅰ]自国以外に配備されている核兵器を撤去すること
[ⅱ]核兵器の先制不使用を約束すること
[ⅲ]大型長距離弾道ミサイルの生産と保有を禁止すること
[ⅳ]核物質の計量と国際的保障措置を適用すること

この声明は、世界の重要な政治家などによる声明であり、前項の元軍人による声明と対をなすものとして政治的にきわめて重要である。

東京フォーラム報告書

一九九八年五月のインドとパキスタンの核実験[45]の直後、当時の橋本龍太郎首相が、日本のイニシアティブで核軍縮について世界に向けた提言を行うと国会で答弁し、同年八月に「核不拡散・核軍縮に関する緊急行動会議」が発足した。会議は日本国際問題研究所と広島平和研究所の共催で、世界中の約二〇名の核軍縮、国際政治の専門家を集めて開かれ[46]、途中「核不拡散・核軍縮に関する東京フォーラム」と名称を変更して四回の会合を開き、一九九九年七月二五日に報告書を提出した。「核の危険に直面して――二十一世紀のための行動計画」と題された報告書[47]は、第一部「新たな核の危険」において、冷戦後一〇年経過したが、核兵器をめぐる国際情勢はきわめて悪化しているとの現状分析を行い、第二部「核の危険を低減するための戦略的関係の修復」において、米

(45) インドは一九九八年五月一一日と一三日に核実験を実施し、パキスタンはそれに対抗する形で、五月二八日と三〇日に核実験を実施した。これは世界中の一八七国が加入している核不拡散条約(NPT)の目的を大きく傷つけるものであり、国際不拡散体制に挑戦するものであった。黒沢満「国際核不拡散体制の動揺と今後の課題――インド・パキスタンの核実験の影響」『阪大法学』第四八巻四号、平成一〇年一〇月、三一~五六頁参照。

(46) 日本国際問題研究所の松永信雄元駐米大使と広島平和研究所の明石康元国連事務次長が共同議長を務め、五大国のほか、インド、パキスタン、ブラジル、アルゼンチン、韓国、ドイツ、カナダ、ウクライナ、マレーシア、エジプトなどから参加した。日本からは今井隆吉元軍縮大使が参加している。

ロ、米中、ロ中の大国間の関係改善の問題、南アジア、中東、北東アジアの三地域における拡散の停止と逆転の問題を取り扱っている。
第三部「核拡散の阻止と逆行」においては、二十一世紀の拡散の挑戦、核不拡散条約（NPT）の強化、その他の多国間不拡散文書の強化、核分裂性物質の管理の強化、核輸出管理の強化と透明性の改善、ミサイル拡散の停止などの問題を検討し、さまざまな勧告を行っている。第四部「核軍縮の達成」においては、米ロ核兵器削減の再活性化など核軍縮に関するさまざまな問題が検討されている。

そして、第五部「主要提言」において、以下の一七項目にわたる勧告が示されている。
[i]NPTの中核的合意を再び誓約することにより、NPT体制の弱体化を阻止し、修復せよ
[ii]段階的削減を通じて核兵器を廃絶せよ
[iii]包括的核実験禁止条約の発効を促進せよ
[iv]STARTプロセスを再活性化させ、核兵器削減の対象を拡大せよ
[v]核についての透明性を高める措置を採用せよ
[vi]すべての核兵器について警戒態勢を解除せよ
[vii]核分裂性物質を、とくにロシアにおいて管理せよ

（47）報告書は英文で出されたが、日本語版は、『核の危機に直面して——二一世紀への行動計画（核不拡散・核軍縮に関する東京フォーラム報告書）』として、日本国際問題研究所、広島平和研究所から出版された。

[viii]テロと大量破壊兵器に注意せよ
[ix]ミサイル拡散に対する措置を強化せよ
[x]ミサイル防衛システムの配備は慎重にせよ
[xi]南アジアにおける拡散を阻止し、逆行させよ
[xii]中東における大量破壊兵器を廃絶せよ
[xiii]朝鮮半島における核とミサイルの危険を除去せよ
[xiv]拡散の支持につながる拒否権の行使は自粛せよ
[xv]軍縮会議を再活性化せよ
[xvi]軍縮の検証措置を強化せよ
[xvii]核不拡散と核軍縮の違反に対する効果的なメカニズムを構築せよ

この報告書は、右の一七項目の中でそれぞれ具体的な提案を示しているとともに、第二部から第四部においても多くの詳細な勧告を含んでいる。そして、現在の国際社会においては国際安全保障の制度が崩壊しつつあり、核の危険がかなりの程度で増大しているという基本的認識に基づき、これらの危険な傾向を逆転させるための措置がすぐにとられなければ、核不拡散と核軍縮に関する諸条約は無意味な文書になるだろうと述べている。この報告書の目的は、増大する危険に注意を喚起し、即時のおよび長期的な是正措置を提案するものとされている。したがって、キャンベラ委員会報告書を超えるような壮大な核廃絶

への道程を示すものではない。しかし、現在の危機を詳細に分析し、それに対応するための実際的で、実現可能な、具体的な提案を示している点では高く評価できるであろう。

核兵器廃絶条約案

一九九七年四月には、核政策法律家委員会という米国の非政府組織（ＮＧＯ）が、核兵器廃絶条約のモデルを発表している。[48] これは「核兵器の開発、実験、生産、貯蔵、移譲、使用および使用の威嚇の禁止、ならびにそれらの廃棄に関する条約」であり、以下のような時間的枠組みが考えられている。

第一段階（一年以内）

・保有核兵器について申告すること
・核兵器を警戒態勢から解除すること
・核兵器と運搬手段を実戦配備から撤去すること
・核兵器運搬手段の照準を解除すること
・核兵器構成要素と装置の製造を停止すること
・核兵器実験施設を閉鎖すること
・特殊核分裂性物質の再処理および生産を停止すること
・核兵器の研究を停止すること

（48）これは後に国連文書として配布されている（A/C.1/52/7, 17 November 1997）。

第二段階（二年以内）

・核弾頭と核爆弾を運搬手段から取り外し、国際貯蔵へ移管するか廃棄すること

・引き金装置の除去などにより核兵器を無力化すること

・核兵器研究施設を閉鎖すること

・核兵器実験施設を解体すること

第三段階（五年以内）

・米国とロシアの核兵器を一定数に削減し、中国、フランス、英国の核兵器を一定数に削減すること

・すべての運搬手段を廃棄すること

・残っているすべての核兵器生産・研究施設を解体すること

第四段階（一〇年以内）

・米国とロシアの核兵器をさらに一定数に削減し、中国、フランス、英国の核兵器をさらに一定数に削減すること

・高濃縮ウランとプルトニウム使用の原子炉を閉鎖すること

・核分裂性物質を国際管理すること

第五段階（一五年以内）

・すべての核兵器を廃棄すること

ここでは、核兵器全廃にいたる一五年の道筋が示されており、五年で一定数への削減、一〇年でさらに一定数への削減が実施され、一五年で全廃に至る計画である。その際に、米国とロシアの核兵器は同数で、中国、フランス、英国も同数であるが、前者の二国が保有できる核兵器の数は後者の三国の数より大きいことが読み取れる。

さらに、核兵器廃絶の義務が履行されているかを確認し、違反の疑惑に対応するための検証制度も予定され、それは以下の要素から構成されることになっている。

［ⅰ］既存の国際機関とデータおよび検証活動を共有するための協定
［ⅱ］登録制度と国際モニタリングシステム
［ⅲ］偵察衛星などにより集められた情報の報告
［ⅳ］協議と明確化
［ⅴ］チャレンジ査察(49)を含む現地査察
［ⅵ］信頼醸成措置
［ⅶ］市民による報告と市民の保護

またこの条約の履行のために「核兵器禁止機構」という新たな国際機構の設置が計画されており、その機構は、締約国会議、執行理事会、技術事務局により構成され、この機構が検証活動を実施することになっている。

(49) チャレンジ査察とは申立て査察とも言われ、ある締約国が他の締約国の行動に違反の疑いがあると考えるときに、現地査察の実施を求める制度である。

このモデル条約は非常に詳細であり、内容も充実しており、このままで核廃絶条約の交渉の基礎となりうるものである。さらに、このような条約案が示されることで、核兵器廃絶は条約作成上からは可能であることがわかり、さらに詳細に規定されているため、どの部分が現在不可能であるかもわかり、それゆえ、核兵器廃絶を具体的に進めていく際の重要な資料となっている。

これらのさまざまな提案から明らかなように、核兵器の廃絶に至る道筋については これまで十分にアイディアも出され、また十分に検討されている。したがって、核兵器廃絶への進展がみられないのは、アイディアが欠けているからではなく、それを実行する政治的意思が欠けているからなのである。そこで次節では、政府レベルでの実際の議論がどのように展開されているかを考える。

三　核兵器廃絶に向けて国際社会はどう動いているか

核兵器廃絶の動きは政府レベルにおいても、非同盟諸国[50]を中心に推進されており、国際司法裁判所が勧告的意見を提出し、非同盟諸国が行動計画などを発表している。以下においては、政府の活動を中心として核廃絶への動きを紹介し、検討する。

(50) 非同盟諸国とは、米国を中心とするＮＡＴＯや日米安全保障条約などによる西側同盟および冷戦中のソ連を中心とするワルシャワ条約機構など東側同盟のいずれにも参加していない諸国を指す。冷戦中から西側とも東側とも一定の

国際司法裁判所の勧告的意見

核兵器の使用または威嚇が国際法上合法なのか違法なのかをめぐって、まず世界保健機関（WHO）が一九九三年に、国連総会が一九九四年に、国際司法裁判所（ICJ）に勧告的意見を求めた。これは、反核NGOのイニシアティブで開始された「世界法廷プロジェクト」という運動が引き金となっており、その主張を受け入れた非同盟諸国が中心となって要請したものである。一九九六年七月に、国際司法裁判所は、WHOは意見要請の権限はないとしたが、国連総会に対してはその意見を与えた。

裁判所の意見の中心は、「核兵器の威嚇または使用は、武力紛争に適用可能な国際法の規則、特に人道法の原則と規則に一般的に違反する。しかし、国際法の現状および裁判所が入手できる事実要素の観点からして、国家の生存そのものが危機に瀕しているような自衛の極端な状況において、核兵器の威嚇または使用が合法であるか違法であるかを決定的に結論することはできない」と述べているところである。

さらに裁判所は、この問題の根本的解決のために核軍縮に言及し、核不拡散条約（NPT）第六条に規定された核軍縮を誠実に交渉する義務の解釈として、「交渉を継続する義務のみならず、成果を達成する義務をも含む」という見解

距離を置き、独自の政治的主張を行ってきた。特に核兵器に関しては、西側と東側の双方に核兵器の削減や廃絶を要求してきた。現在でも活動しており、百数十カ国から構成されている。

を示した。すなわち裁判所は、「厳格かつ効果的な国際管理の下におけるあらゆる側面での核軍縮に導く交渉を誠実に行い、かつ完結させる義務が存在する」と、一四名の裁判官の全会一致の意見として述べたわけである。これは核不拡散条約第六条の解釈としては画期的なものであり、その後の核廃絶の動きにきわめて大きな積極的な影響を与えた(51)。

この国際司法裁判所の勧告的意見を基礎として、同年の国連総会において、マレーシアは、核兵器の開発、生産、実験、配備、貯蔵、移転、威嚇、使用を禁止し、その廃棄を規定する核兵器禁止条約の早期締結につながる交渉を一九九八年中に開始することを要求する決議案を提出した。決議案は、賛成一一六、反対二六、棄権二四で採択されたが、その交渉が開始されないため、同種の決議はその後も毎年提出され、圧倒的多数で国連総会で採択されているものの、核兵器国が強く反対しているため、交渉はいまだに開始されていない。

(51) この勧告的意見については、黒沢満「核兵器廃絶に向けて——CTBTとICJ勧告的意見の検討」『国際公共政策研究』(大阪大学大学院国際公共政策研究科)第一巻一号、一九九七年三月、一一九〜一三四頁参照。

非同盟諸国による「核兵器廃絶に向けての行動計画」

非同盟諸国は、ジュネーブ軍縮会議において、明確な時間的枠組みの中で核兵器を究極的に廃棄するための段階的計画について協議を開始することを要請するとともに、一九九六年八月には、そのたたき台として以下のような行動計画を提出した。

第一期（一九九六～二〇〇〇年）

A　核の脅威の軽減をめざす措置

［i］以下の条約交渉を即時かつ同時進行的に開始し早期に締結すること

・非核兵器国に対する核兵器使用禁止条約

・核兵器使用禁止条約

・核兵器廃絶条約

・兵器用核分裂性物質生産禁止条約

［ii］以下の事項に合意することにより核兵器の質的改良を禁止すること

・すべての核兵器実験の停止と核兵器実験場の閉鎖

・核兵器の改良をめざす新技術の使用防止措置

・既存の非核兵器地帯の完全履行と新たな非核兵器地帯の設置

・核兵器と核兵器用物質の保有量の申告

B　核軍縮措置

［i］核兵器システムの警戒態勢を解除すること

［ii］ＡＢＭ（対弾道ミサイル）条約を堅持すること

［iii］大気圏外兵器システムの実験を一時停止し禁止すること

［iv］ＳＴＡＲＴⅡ条約を批准し実施すること

［v］ＳＴＡＲＴⅢ条約の交渉を開始し条約を締結すること

[vi]解体核兵器からの物質にＩＡＥＡ保障措置を適用すること
[vii]すべての核兵器国による核軍縮交渉を始めること

第二期（二〇〇〇～二〇一〇年）

核保有量を削減し、各国相互間の信頼を醸成する措置

[i]核兵器廃棄条約の発効とその遵守を確保するための多国間包括的システムを確立すること

・核弾頭の運搬手段からの取り外し・核弾頭の国際管理下にある貯蔵所での保管と核弾頭からの核分裂性物質の取り除き

・核分裂性物質と運搬手段を含む核兵器材料の平和目的への転用

[i]核分裂性物質、核弾頭、運搬手段を含む核兵器保有目録を作成すること
[ii]核兵器用ミサイルを漸進的で均衡のとれた形で制限すること

第三期（二〇一〇～二〇二〇年）

核兵器のない世界の定着

[i]全地球的な協調的安全保障システムの基本原則と機構を採択すること
[ii]核兵器全廃条約と以下の検証体制を完全に実施すること

・核兵器製造施設の平和目的への転換
・核施設への保障措置の普遍的適用
・すべての核兵器の廃棄

この行動計画は、二〇〇五年で核兵器の廃絶をめざすとともに、それに至る具体的な措置を列挙し、協調的安全保障システムや検証体制の構築なども視野に入れたものである。

新アジェンダ連合の声明

一九九八年六月九日に、アイルランド、スウェーデン、南アフリカ、ブラジル、エジプト、メキシコ、ニュージーランド、スロベニア（後に脱退）の八カ国は、「核兵器のない世界へ——新アジェンダの必要性」という共同声明を発表した。これは冷戦後の世界で核軍縮が必ずしも十分に進展していないという現状に対し、五核兵器国および三核兵器能力国[52]に対し、具体的な核軍縮措置を迫るものであり、主な内容は以下の通りである。[53]

[i]核兵器国および三核兵器能力国に対し、核兵器および核兵器能力の迅速、最終、全面的な廃棄に向けて明確に約束するよう求める

[ii]多くの国が核不拡散条約（ＮＰＴ）に加入したのは、核兵器国が核軍縮を追求するという法的拘束力ある約束との関連であり、核兵器国がそうしないことに深い懸念をもつ

[iii]この点に関し、国際司法裁判所（ＩＣＪ）の全会一致の結論を想起する。

[iv]核兵器国および三核兵器能力国に対し、それぞれの核兵器および核兵器

(52) 三核兵器能力国とは、インド、イスラエル、パキスタンを意味している。

(53) 中堅国家構想の観点から、この新アジェンダ連合を支持するものとして、ロバート・グリーン著、梅林宏道訳『核兵器廃絶への新しい道——中堅国家構想』高文研、一九九九年参照。

能力の廃棄を明確に約束し、その達成に必要な具体的措置および交渉の即時開始に合意するよう要請する
[v]その措置は最大の核兵器保有国から開始され、途切れないプロセスとしてその他の核兵器国を含むべきである
[vi]核軍縮の実際的措置として、核兵器の警戒態勢解除、不活性化へと進むことにより現在の一触即発の態勢を放棄することを求める。また非戦略核兵器を配備地域から撤去すべきである
[vii]三核兵器能力国はその核兵器開発または配備の追求を逆転させなければならない。三国に対し核不拡散条約（NPT）への加入、遅滞なく無条件での包括的核実験禁止条約（CTBT）の署名、批准を要請する
[viii]カットオフ条約（FMCT）の交渉が即時に開始されるべきである
[ix]核物質の管理の拡大により拡散防止の国際協力を実施すべきである
[x]核兵器国間での先制不使用の共同取り決めにつきまた消極的安全保障につき、法的拘束力をもつ文書が作成されるべきである
[xi]中東、南アジアのような地域を含む、非核兵器地帯の設置は非核世界の目標に貢献する

この提案は、若干の修正を伴い、一九九八年および一九九九年一二月に国連総会決議として採択されており、核兵器の廃絶に向けて高度に現実的かつ具体

的な措置を提案している点に特徴がある。また、二〇〇〇年NPT再検討会議にも影響を与えている。

二〇〇〇年NPT再検討会議最終文書

二〇〇〇年四月から五月にかけて開催されたNPT再検討会議(54)において、新アジェンダ連合が要求していた「核兵器廃絶への明確な約束」への合意が達成された。将来の核軍縮措置に関する交渉において、五核兵器国と新アジェンダ連合の対立がこの会議の中心であった。新アジェンダ連合の主張の第一は、「その核兵器の全廃を達成するという核兵器国による明確な約束、および次回NPT再検討期間である二〇〇〇〜二〇〇五年に加速された交渉プロセスに取り組み、すべての当事国が第六条の下で約束している核軍縮に導くような措置をとることの明確な約束」であった。

中国を除く核兵器国は当初はこの規定に反対であり、究極的な目標としては受け入れるが、核兵器全廃の明確な約束は与えることはできないと主張していた。が、会議の最終日近くになって、今後五年間の交渉の加速と一定の軍縮措置の実施という部分が削除された形で妥協が図られ、フランスとロシアが最後まで反対していたが、最終的には合意が達成された。

前述のキャンベラ委員会報告書の第一の要件が、「五核兵器国が核兵器廃絶

(54) NPT再検討会議とは、核不拡散条約(NPT)の目的が達成されているかまた条約規定が守られているかについて、五年ごとに開かれている会議である。一九七〇年に条約は発効したので、その後五年ごとに開かれ、第六回目の会議が二〇〇〇年に開かれた。

を明確に約束すること、そしてその達成のために必要な実際的な措置の交渉につき即時に作業を開始することに合意すること」であったことからわかるように、新アジェンダ連合の主張は、それに基づいている。しかし、後半部分が削除されたために、実際的措置の即時の交渉開始という側面が欠け落ちている。

ＮＰＴ再検討会議の最終文書においては、将来の核軍縮に関する具体的な措置として以下のような措置が合意されている。

[ｉ]ＣＴＢＴの早期発効を達成するための署名と批准の重要性と緊急性
[ii]ＣＴＢＴ発効までの核実験モラトリアム
[iii]カットオフ条約を五年以内に締結するための軍縮会議での交渉の必要性
[iv]核軍縮を取り扱う任務をもつ補助機関の軍縮会議での設置の必要性
[ｖ]核軍縮などへの不可逆性原則の適用
[vi]核兵器の全廃を達成するという核兵器国による明確な約束
[vii]ＳＴＡＲＴⅡの早期発効と完全履行、およびできるだけ早期のＳＴＡＲＴⅢの締結
[viii]米ロ・ＩＡＥＡ間の三者イニシアティブの完成と実施
[ix]すべての核兵器国による核軍縮へと導く措置
――核兵器の一方的削減の一層の努力
――核兵器能力と第六条による諸協定の実施の透明性の増加

――非戦略核兵器の一層の削減
――核兵器システムの運用状況の一層の低下
――安全保障政策における核兵器の役割の低下
――核兵器廃絶プロセスへの全核兵器国の関与
[x]余剰核分裂性物質をIAEA検証の下に置くための取り決め
[xi]軍縮努力の究極的目標としての全面完全軍縮
[xii]核軍縮の進展に関する定期報告
[xiii]核軍縮の検証能力の一層の開発
NPT再検討会議の最終文書において以上の措置に合意がみられたわけであるから、これらにしたがって今後の核軍縮交渉が実施されていくことが期待される。(55)

このように実際の国際社会の動きにおいても、核兵器廃絶に向けてのさまざまな努力がなされており、徐々にその方向に向かっていると考えられるが、実際は核兵器国の消極的な態度によりその進展が妨げられている。

(55) この会議の分析については、黒沢満「二〇〇〇年NPT再検討会議と核軍縮」『阪大法学』第五〇巻四号、平成一二年一一月、一一〜四五頁参照。

第二章　核兵器以外の軍縮をどう進めるか

一　化学兵器の軍縮をどう進めるか

今日ではサリンやマスタード・ガスなどに代表される化学兵器は、これまでの戦争の場面で実際に何度か使用されてきた。特に第一次世界大戦では、ドイツ軍により大量に使用された。また一九八〇年代のイラン・イラク戦争や一九九〇年代のイラクによるクルド人攻撃でも使用され、多くの犠牲者が出ている。第一次世界大戦の後、一九二五年に「ジュネーブ議定書（窒息性ガス、毒性ガスまたはこれらに類するガスおよび細菌学的戦争手段の戦争における使用の禁止に関する議定書）」が締結された。これは「軍縮」というよりも「使用の禁止」に関する条約である。

化学兵器の軍縮交渉が本格化するのは一九六〇年代に入ってからであるが、

条約の締結が容易であると考えられた生物兵器の交渉が分離され優先されたため、化学兵器禁止条約がジュネーブ軍縮会議で採択されたのは一九九二年のことである。条約は一九九三年一月にパリで署名され、一九九七年四月に発効した。条約の正式名は、「化学兵器の開発、生産、貯蔵及び使用の禁止並びに廃棄に関する条約」である。

この条約は、化学兵器の開発、生産、取得、貯蔵、保有または移譲を禁止しており、さらに化学兵器の使用の禁止と、使用のための軍事的準備活動の禁止を定めている。また条約は、所有する化学兵器の廃棄を義務づけており、その廃棄は自国について条約が発効してから二年以内に開始し、条約自体の発効から一〇年以内に完了することとされている[1]。

このように、化学兵器に関しては、開発や生産などを含むあらゆる活動が禁止され、さらに使用とその準備も禁止され、一〇年以内の廃棄が義務づけられており、化学兵器の廃絶が時間的枠組みをともなって規定されていることになる。また条約はその履行を確保し違反を防止するため、化学兵器禁止機関（OPCW）を設置した。条約義務の遵守を検証するために詳細かつ厳格な査察制度が導入されている。その中心はこれまで例をみない「チャレンジ（申立て）査察」であり、違反の疑いが生じた場合に締約国は、化学兵器禁止機関の執行理事会に要請することにより実施される。機関の査察員が現地に入って違反の

（1）浅田正彦「化学兵器禁止条約の基本構造（一）（二）」『法律時報』第六八巻一号、二号、一九九六年参照。

疑惑を調査できることになっており、疑惑を受けた締約国はその査察を拒否できない。ただし、査察要請の濫用を防止するため、執行理事会の四分の三の多数決で査察の中止を決定できるが、四分の一以上が賛成すれば実施できるわけであるから、その可能性はきわめて高いといえる。

このように条約の禁止の範囲は包括的であり、義務の履行を確保する国際機関と厳格な検証システムが備えられているので、化学兵器の全廃に向けてきわめて有効なメカニズムがすでに作られていることになる。また条約には一二〇以上の国が締約国となっており、米国、ロシア、中国、英国、フランスの五大国をはじめ、日本、ドイツ、イタリア、オランダ、カナダ、オーストラリアなど西側の諸国が含まれている。

この条約の完全な履行にとっての最大の問題は、イラク、イスラエル（署名のみで未批准）、エジプト、リビア、シリアなどの中東諸国、ならびにタイ、ミャンマー、北朝鮮といった国が加入していないことである。これらの国のほとんどは化学兵器の保有疑惑国である。したがって、これらの国をいかにして条約に参加させるかが最大の課題である。中東地域のイスラム諸国家は、イスラエルの核兵器に対抗するために化学兵器を保有する可能性を残しておこうと考えているため、この問題が解決しない限り条約に早期に加入することはない。したがって、中東和平プロセスを進展させ、最終的には非核兵器地帯のみでなく非大量破壊兵器地帯を設置するための努力がなされなければならない。

二　生物兵器の軍縮をどう進めるか

生物兵器は伝統的には「細菌兵器」と呼ばれ、化学兵器と一緒に取り扱われ、一九二五年のジュネーブ議定書では、「細菌学的手段の戦争における使用の禁止」が定められた。第二次世界大戦前から大戦中にかけて、生物兵器の開発計画をもっていたのは、日本、米国、ソ連、英国、ドイツ、カナダであった。しかしこれまで、明確な形で生物兵器が戦争で使用されたことはない。

一九六〇年代に、化学・生物兵器の軍縮が問題となったが、これまで使用され効果の予測やコントロールが可能であった化学兵器と、無差別効果を持ちその予測が不可能で報復兵器としての価値が疑わしい生物兵器を分離し、合意実現の可能性の高い生物兵器が先に交渉されることになり、一九七一年に条約がジュネーブ軍縮委員会会議で採択され、一九七二年四月に署名され、一九七五年三月に発効した。当時、生物兵器の軍事的価値は一般に乏しいと考えられていた。

条約の正式名は、「細菌兵器（生物兵器）及び毒素兵器の開発、生産及び貯蔵の禁止並びに廃棄に関する条約」である。条約の目的は、全人類のため、兵器としての細菌剤（生物剤）および毒素の使用の可能性を完全に除去することである。まずその開発、生産、貯蔵、取得、保有が禁止されているのは、「防疫の目的、身体防護その他の平和目的による正当化ができない種類および量の微生物剤その他の生物剤および毒素」であり、またそれらを敵対的目的または武力紛争で使用するための兵器、装置または運搬手段である。

また条約は、これらの生物剤や毒素、それらの兵器や運搬手段を九カ月以内に廃棄するか、平和目的に転用するよう要求している。すなわち、一定種類の兵器を全面的に禁止し、その貯蔵をすべて廃棄するという画期的なものであった。しかし、当時この種の兵器は軍事的効果が不明確で、軍備としての有用性評価は低く、検証の必要性も認識されなかったため、条約は検証に関する規定を含んでいない。(2)

一九八〇年代に入って、生物兵器禁止条約の違反疑惑や生物兵器の拡散問題が生じたため、条約を強化する必要が生じた。一九八六年の再検討会議により信頼醸成措置として情報の申告が定められ、一九九一年にはさらに拡充された。検証措置の導入については、一九九四年に特別会議が開催され、その後作業が継続されている。

したがって、生物兵器の軍縮を一層進めるのに不可欠なことは、化学兵器禁止条約が備えているような検証制度をできるだけ早急に作成し、実施していく

(2) 藤田久一「細菌（生物）・毒素兵器禁止条約」『金沢法学』第一七巻二号、一九七二年、山中誠「生物兵器禁止条約――その禁止規定の構造」『ジュリスト』第七七六号、一九八二年参照。

ことである。

生物兵器の軍縮に関するもう一つの大きな問題は、化学兵器と同様、すでに一四〇以上の国が締約国となっているが、イスラエル、シリア、アラブ首長国連邦、エジプト（署名のみで未批准）、アルジェリアなど中東諸国が多く参加しておらず、ロシア、中国、イラン、シリア、エジプト、リビア、北朝鮮などが生物兵器を開発または保有していると考えられていることである。

この条約は検証措置がないため、締約国であるロシアや中国も生物兵器を開発または保有しているのではないかと考えられているので、まずこの点を改善し、条約の義務の履行を確保する必要がある。

また化学兵器の場合と同様に、多くの中東諸国が条約に参加しないし、開発や保有の疑惑が生じている現状がある。これには中東和平の進展をうながし、各国の安全保障を強化することが不可欠である。

三　ミサイルの軍縮をどう進めるか

兵器を運搬する手段として、広島・長崎における原爆投下のように、航空機で上空まで運びそこで落下する方法が以前は一般的であったが、今ではミサイルが中心となっている。それは、航空機からの投下は敵からの反撃を受ける可能性がきわめて高いのに対し、ミサイルは高速であり、命中精度も高くなっているからである。

核兵器をはじめとする大量破壊兵器の規制あるいは削減を実施する場合、これまで行われてきた多くの措置は、ミサイルを中心とする運搬手段を規制するものであった。たとえば、冷戦期の米ソの戦略兵器制限交渉（ＳＡＬＴ）は、運搬手段であるＩＣＢＭ（大陸間弾道ミサイル）、ＳＬＢＭ（潜水艦発射弾頭ミサイル）および爆撃機の数を制限するものであった。

また冷戦末期の中距離核戦力（ＩＮＦ）条約は、射程五〇〇キロメートルから五五〇〇キロメートルの地上配備のミサイルをすべて廃棄するものであった。また冷戦後の、米ロの戦略兵器削減交渉（ＳＴＡＲＴ）においても、配備された核弾頭数の削減を規定しているが、実際には運搬手段であるミサイルと爆撃機の数を削減し、それらを廃棄するものである。今後交渉されるＳＴＡＲＴⅢにおいてはじめて核弾頭についての廃棄が交渉される予定である。

これらの核軍縮交渉とは別に、ミサイルに対する規制は今のところ、「ミサイル輸出管理体制（ＭＴＣＲ）」しか存在しない。これは、核兵器などの大量破壊兵器不拡散の観点から、大量破壊兵器の運搬手段となるミサイルおよびその開発に役立ちうる関連汎用品[3]や技術の輸出を規制することを目的としたものである。米国を中心に七カ国により、一九八七年四月に、核兵器運搬手段の輸

（３）汎用品とは、軍事利用にも平和利用にもどちらにも利用可能なものをいう。輸出管理一般におい

出管理として、五〇〇キログラム以上の搭載能力および三〇〇キロメートル以上の飛距離をもつミサイルなどが輸出禁止とすることが合意された。

このMTCR体制は、一九九三年には核兵器のみならず、生物・化学兵器を含む大量破壊兵器を運搬できるミサイルおよび関連汎用品・技術も規制対象となった。ミサイル自体は原則的に輸出禁止であり、ジェットエンジンやジャイロスコープなどは案件ごとに慎重に審査され、大量破壊兵器の運搬に用いられると判断されれば原則的に輸出禁止となる。この体制には三二カ国が参加しているが、これは条約体制ではなく、協議によりガイドラインを決定するだけで、実施するのは各国の国内法による。日本では、外国為替および外国貿易法、輸出貿易管理令などに基づき実施されている。

一九九八年八月の北朝鮮によるテポドン・ミサイル発射にみられるように、ミサイルも今後の軍縮の重要な要素となっている。大量破壊兵器を軍事的に実際に使用する手段の中心はミサイルであるからである。またインドとパキスタンの間でもミサイル開発競争が行われている。

したがってまず、ミサイル輸出管理体制を強化することが必要である。ミサイルなどの輸出能力をもつすべての国が参加しているわけではないので、体制の普遍性を確保することが必要である。またこの体制は先進国を中心として、ガイドラインを採択するものであるが、ミサイルの輸出全般を取り扱う条約の

ても、最初は軍事利用に関する規制がなされていたが、最近では平和利用で輸入したものが軍事利用される例が多くなっていることもあり、汎用品を一般に輸出規制の対象とするようになっている。

交渉、そこへの開発途上国の参加なども取り組むべき課題である。なぜなら、輸出管理はしばしば先進国からの一方的な措置と認識され、途上国の平和利用を妨げると批判されているからである。

さらに、ミサイルの今後の開発や生産を禁止することが求められるし、すでに存在するミサイルの削減も交渉されるべきであろう。ここでも、日本のロケットのように、平和利用との境界が微妙であり、技術的には似通ったものであるので、国際査察などの制度が導入される必要がある。

四　通常兵器の軍縮をどう進めるか

通常戦力の削減

ヨーロッパにおいて、冷戦の終結とともに通常戦力が大幅に削減された。一九八九年から欧州安保協力会議[4]（ＣＳＣＥ）プロセスの一環として、ＮＡＴＯとワルシャワ条約機構加盟の二三カ国で交渉が開始され、一九九〇年一一月に欧州通常戦力（ＣＦＥ）条約が署名された。条約はまず、ＮＡＴＯとワルシャワ条約機構の保有上限を、戦車二万両、装甲車三万両、火砲二万門、戦闘機六八〇〇機、戦闘ヘリコプター二〇〇〇機とし、さらに一国が保有できる上限を定め、対象地域を四つに分類し、欧州中心部ほど保有上限を厳しく制限した。[5]

（４）欧州安保協力会議は、一九七五年に全欧州諸国と米国、カナダの三五カ国首脳がヘルシンキ宣言を採択して開始されたプロセスで、欧州の安全保障、経済、人権を取り扱う。その後、信頼・安全醸成措置や軍備管理などの側面で協力を推進しており、一九九五年より欧州安保協力機構と名称を変えた。

（５）佐藤栄一「欧州通常戦力（ＣＦＥ）制限条約の成立」『名城法学』第四二号別冊、一九九二年参照。

これは通常兵器で圧倒的に優位であったワルシャワ条約機構側の大幅削減をもたらし、かつ奇襲攻撃や大規模侵攻能力を削減する目的をもったものであった。その後ワルシャワ条約機構が解体し、ＮＡＴＯが東方に拡大している事態に見合ったものにするための交渉が行われ、一九九九年一一月に締約国は条約の修正合意に署名し、これまでのブロック別の規制を各国別に改め、さらに約一〇％の削減に合意した。

このように、一つの地域で通常兵器の削減を組織的に実施しているのは、今のところヨーロッパだけである。今後は各地域において、通常兵器の削減に向けての努力が行われるべきである。

通常兵器の移転の規制

一九九一年に、日本とＥＵが通常兵器の移転登録制度の設置に関する国連総会決議を提出し、一九九二年から実施されている。これは侵略や大規模攻撃を可能にする攻撃兵器の国際移転を毎年国連に報告することにより、通常兵器の移転の透明性を高め、信頼を醸成しようとするものである。具体的には、戦車、装甲戦闘車両、大口径火砲システム、戦闘用航空機、戦闘用ヘリコプター、軍用艦艇、ミサイル・同発射装置の七カテゴリーである。

この制度は、一定の通常兵器の国際移転を登録するだけのものであり、透明性が向上し、一定の信頼醸成には役立っているが、移転そのものを規制するものではない。したがって、今後の課題としては、まず登録対象の兵器を拡大すること、さらに移転そのものを規制することが必要である。

対人地雷の全面禁止

地球上には一億一〇〇〇万個の地雷が埋設されており、毎月二〇〇〇人がその犠牲になっていると国際赤十字委員会は報告している。対人地雷に関する交渉は、カナダが中心となり一九九六年一〇月のオタワ会議が条約の早期成立を宣言し、専門家会合を経て、一九九七年九月のオスロ会議で条約が採択された。このオタワ・プロセスにより一九九七年一二月にオタワで条約が署名され、一九九九年三月に発効した[6]。

条約の正式名は、「対人地雷の使用、貯蔵、生産及び移譲の禁止並びに廃棄に関する条約」であり、地雷に関する一連の活動を禁止するとともに、保有する地雷を四年以内に廃棄することを義務づけている。その意味でこれも画期的な条約であるが、最大の欠陥は地雷大国が条約に加入していないことである。特に米国は朝鮮半島との関連で条約に加入していないが、ロシア、中国、インド、パキスタンなど多くの国がまだ参加していないのが現状であり、条約の普遍性が確保されていない。したがって、この条約への加入を促進する行動が必

（6）目加田説子『地雷なき地球へ——夢を現実にした人びと』岩波書店、一九九八年、浅田正彦「対人地雷の国際的規制——地雷議定書からオタワ条約へ」『国際問題』第四六一号、一九九八年、岩本誠吾「地雷規制の複合的構造」『国際法外交雑誌』第九七巻五号、一九九八年参照。

要である。

小型武器の規制

冷戦後の武力紛争の特徴は内戦の増加であり、そこで使用され、実際に人が殺されている主な武器は、小銃、機関銃、弾薬、携帯対戦車砲などの小型武器である。一九九五年から日本のイニシアティブで政府専門家パネルが設置され、一九九七年には特定地域への小型武器の蓄積や移転を減少させる措置および将来それらを防止するための措置に関して、二四の勧告を含む報告書が提出された。その勧告の実施状況を検討するための政府専門家グループが設置され、二〇〇一年には小型武器非合法取引に関する国際会議が開かれる。

ミクロ軍縮といわれる小型武器の規制は現在きわめて重要かつ緊急の課題であり、内戦で実際にしばしば使用されているこれらの武器の入手ルートの規制などを早急に実施すべきである。

第三章　新しい国際秩序を求めて

一　核兵器の政治的・軍事的価値をいかに低下させるか

現在の国際社会においては軍事力が大きな影響力を行使しており、軍事大国が国際社会の中で重要な地位を占めている。あらゆる軍事力が重視されるが、特に核兵器を所有する国が国際社会で重要な地位を占めている。核兵器の製造には高度の技術と莫大な資金を必要としたことから、核兵器の保有は、軍事的にも、技術的にも、政治的にも優れた国家であることの証明になっている。また核兵器を保有することが、その国の威信を表すものともなっている。

これはまったくの偶然であるが、国連安全保障理事会[1]の常任理事国が、核不拡散条約の定義による核兵器国と同じになっている。核不拡散条約が成立した一九六八年には、北京政府ではなく台湾政府が安全保障理事会の常任理事国で

（1）国連安全保障理事会は、国際の平和と安全の維持および回復に主要な責任をもつ理事会で、中国、フランス、ロシア、英国、米国の五常任理事国と、二年の任期で選

あった。しかし、現在においては、国連安全保障理事会で拒否権を有する特権的地位にある国家が、核兵器を保有する五大国と一致している。

このことは、一面において安保理の常任理事国の地位が核兵器の保有と同一になることにより、国際社会の権力構造をはっきりさせるというメリットをもっている。しかし、逆に、核兵器を保有することは政治的にも優越的地位を与えられることを意味すると解釈される危険が存在する。たとえば、インドは核兵器の保有を明言することにより、国連安保理の常任理事国入りの根拠を補強する考えを示している。

したがって、これからの国際社会の進むべき方向は、核兵器の保有と政治的な大国の地位を分離することである。すなわち安保理の常任理事国の地位を核兵器の保有と切り離すことである。

そのための具体策の一つは、安保理の改組(2)において、核兵器を保有しない国家を新たな常任理事国にすることである。すなわち、日本やドイツ、あるいは非核兵器国でありながら国連に応分の負担と積極的協力を行っている国を加えるべきであり、インドやパキスタンといった核兵器の保有を明らかにした国家は除外することである。

もう一つは、たとえば英国といった現在安保理の常任理事国である国の非核化を進めることである。英国は、現在でも二〇〇以下の核兵器しか保有してお

ばれる一〇の非常任理事国から構成される。安全保障理事会は、加盟国を拘束する形で軍事的および経済的な制裁を課すことができる。

（2）安全保障理事会の五常任理事国は、第二次世界大戦の戦勝国を中心に、国連成立時の国際状況を反映して決められたものであり、五〇年以上たった現在、その改組の議論が進められている。具体的には日本やドイツなど五カ国程度を新たに常任理事国とする提案が多くの支持を得ているが、反対する国もありまだ議論が継続中である。

らず、現有の耐久年数がすぎた時には非核兵器国になる可能性がある。

　核抑止論の立場に立てば、現在の国際社会においては、相手国からのあらゆる攻撃に対して核兵器で反撃すると明言し相手国に耐えがたい損害を与える意思と能力があることを常に示すことにより、平和が維持されてきたと考えられている。「核抑止」は現在の核兵器国の安全保障政策の中心となっている。

　この核抑止は、軍事的な側面と政治的な側面を併せもつもので、核兵器による耐えがたい反撃という軍事的要素を含みながら、実際の効果は政治的な脅しとなっている。したがって、より平和で安全な国際社会を構築するためには、核抑止という考えを再検討し、新たな考えを打ち立てることが必要である。なぜなら、核抑止という「恐怖の均衡」のための能力を維持するためには、常に相手国を上回る核兵器体系をもとうとする動機が働き、それが軍拡競争を引き起こし、国際社会を一層不安定なものにするからである。

　また核抑止が現実性をもち、相手に現実の脅威を与えるためには、核兵器はすぐに発射される状態に維持され、使用の信憑性を確保することが必要である。冷戦が終結してから、一部では警戒態勢が解除されているが[3]、まだ多くは一触即発の状態に置かれている。これはきわめて危険な状態であり、事故により、あるいは権限のないものによる発射の可能性が残されている。

　五核兵器国は二〇〇〇年NPT再検討会議において、核兵器の照準を解除す

（3）冷戦期には、米国の爆撃機は二四時間エンジンがかけられ常に出動準備態勢にあったが、冷戦後、爆撃機の準備態勢は解除されている。ミサイルについては、部分的に警戒態勢が解除されている。

ること、すなわちどの核兵器も相手国の軍事基地や都市に照準を合わせないことを約束した。これは、事故などで発射されれば海洋に落下することを保証することになり、その意味で一定の信頼醸成措置にはなるだろうが、照準は数秒または数分で元の戻せると言われており、その実効性は脆弱である。したがって、それ以上の措置が必要であり、警戒態勢解除として、ミサイルと核弾頭を切り離し、両者を離れた場所に置くことなどが提案されている。これは核抑止の臨戦態勢を弱体化するものであり、核軍縮への進展を促進するものとなるだろう。

さらに重要なことは、核兵器の使用に関する核兵器国のドクトリンの変更である。ＮＡＴＯ諸国とロシアは核兵器の先制使用という政策を維持しており、あらゆる場合に核兵器を使用する可能性を排除していない。これはきわめて危険な考えであると同時に、国際法的な観点からも違法である。一九九六年に国際司法裁判所は、核兵器の使用は一般に国際法に違反すると述べ、核抑止理論についても、その使用が国際法に反する場合はその使用の威嚇である抑止論も国際法違反であると述べている。

したがって、核兵器の廃絶へと導くためには、核兵器の使用に関するドクトリンの変更が不可欠である。

二　攻撃兵器と防御兵器をどう関係させるか

最近特に大きな話題となっているのが、米国の主張する「戦域ミサイル防衛（ＴＭＤ）」および「国家ミサイル防衛（ＮＭＤ）」である。これらは防御兵器であって、敵からの弾道ミサイル攻撃に対してそれを打ち落とそうとするものである。前者の戦域ミサイル防衛は、米国からみれば、外国に駐留している米軍および同盟国を保護するためのものであり、後者は米国本土を保護しようとするもので、「米本土ミサイル防衛」ともいわれる。

日本政府は、ＴＭＤ[4]について米国との共同研究をすでに開始しており、それが配備されるとすれば二〇一〇年代と考えられている。ＮＭＤは二〇〇五年頃の配備が予定されていたが、さまざまな理由で遅れそうである。米国は主として、北朝鮮、イラン、イラク、リビアなどいわゆる「無法者国家」からのミサイルに対する防衛として配備すると主張している。

しかし、ロシアと中国は、これらの米国の計画、特にＮＭＤには絶対反対の姿勢を貫いており、フランスも反対している。また非同盟諸国の多くも同様である。二〇〇〇年ＮＰＴ再検討会議は、この問題をめぐる意見の対立のため会議自体が失敗に終わることが危惧されたが、会議ではこの問題は棚上げされ、先送りされた。

（４）戦域ミサイル防衛には、大気圏外で迎撃する上層システムと、大気圏内で迎撃する下層システムがある。上層として、地上配備の戦域高高度地域防衛（ＴＨＡＡＤ）と海上配備の海軍戦域防衛（ＮＴＷＤ）があり、下層として、陸上配備のパトリオットと海軍地域防衛（ＮＡＤ）がある。日本においては、イージス艦を使った海軍戦域防衛が最も効果的であると考えられている。

ロシアと中国の反対理由は、米国が一方的に防御兵器を配備すると、戦略的安定性が損なわれ、それに対抗するためにロシアと中国は攻撃兵器を増強せざるを得なくなり、国際社会はかえって不安定になるというものである。フランスは、ロシアが攻撃兵器を増強することがヨーロッパに悪影響を与えることを危惧しており、非同盟諸国は軍拡競争が再開される危険があり、軍縮に逆行するとして反対している。

攻撃兵器と防御兵器を比べた場合、攻撃兵器を削減または制限し、防御兵器を増強することが安定性を増し軍縮を促進するように思われるが、実際は逆のことが行われている。一九七〇年代のはじめに米ソ間で戦略兵器の交渉が開始された時、どちらを先に制限すべきかが大きな問題となり、結局は防衛兵器の配備を制限するＡＢＭ（対弾道ミサイル）条約が締結された。この条約は、対弾道ミサイルシステムの配備を、首都防衛用一カ所とミサイル基地防衛用一カ所に制限し、後にどちらか一カ所に制限した。

これは核抑止論、すなわち相互確証破壊理論によるもので、戦略的安定性を維持し、戦争が起こらないようにするには、相手の攻撃に対して十分な第二撃能力をもつことが必要であり、そのためには防御が少ない方が効果的であるという考えに基づいている。その背景には、攻撃兵器に比べて防御兵器は技術的に格段難しいものであり、また費用も格段に高いという事実がある。すなわち、高いお金と高い技術で防衛システムを作っても、安い費用で攻撃兵器を増産でき、また防衛に対する対抗措置をとり得るのである。

米国は一九六〇年代半ばに小規模のミサイル防衛を配備したが(5)、その後解体しており、一九八三年にレーガン大統領が「戦略防衛構想(6)（ＳＤＩ）」を提唱し、宇宙に最新鋭の兵器を配備することから「スター・ウォーズ」とも呼ばれた。これも技術的、経済的、法的理由などにより断念された。今回のＴＭＤとＮＭＤも、いかなる脅威に対抗するのか、技術的に可能なのか、費用はどれくらいかかるのか、国際関係に悪影響を与えないのかといった観点から慎重に進めるべきであろう。

ブッシュ政権になって、米国においては、ミサイル防衛の開発や配備に向けての一層積極的な政策が示されている。すなわち、北朝鮮、イラン、イラクなどの国家からの大量破壊兵器を搭載した弾頭ミサイルによる攻撃の危険が増大しているため、ミサイル防衛の配備が必要だと説明されている。

クリントン政権においては、地上配備のミサイル防衛が考えられていたが、ブッシュ政権では海洋配備、航空機配備、さらには宇宙配備のものが検討されている。

これらの配備を進めることは、ＡＢＭ条約と真っ向から対立することになるので、ブッシュ政権はＡＢＭ条約の改正あるいは一方的廃棄の可能性をも示唆

（5）米国は、一九六〇年代にノースダコタのＩＣＢＭ基地防衛のためセイフガードと呼ばれる防衛システムを配備したが、途中で建設を中止し、その後解体した。

（6）レーガン大統領は、一九八三年三月に核兵器を無力で時代遅れのものにするための防衛システムの展開に向けての、長期的な研究開発計画を打ち上げた。さらにその開発を進めるため、ＡＢＭ条約の新しい解釈を打ち出し、その条約に違反しないことを主張した。

している。しかし、ＡＢＭ条約はこれまでの核軍縮に関する条約の基礎であると多くの国に考えられており、これまでの合意をも無にしてしまう危険性が内包されている。

技術や費用の問題が乗り越えられるならば、攻撃兵器に依存して安定を維持する現在の方式から、防御兵器に依存して安定を維持する方式に移行することが望ましいことは言うまでもない。しかし、きわめて多くの攻撃兵器が存在している現状で、防御兵器を配備することは、防御兵器の効果が十分発揮されないばかりでなく、新たな攻撃兵器の増加を生み出すため、新たな軍拡競争が始まる可能性を高める。

したがって、当分は攻撃兵器に依存する体制を維持しつつ、攻撃兵器の大幅削減の方向を追求すべきであろう。まず攻撃兵器を大幅に削減することに努力し、各国がきわめて低いレベルで攻撃兵器を維持している状況になってから、防御兵器に依存する方向に移行すべきであろう。

三　国際社会の構造をいかに改革するか

各国は武器をもっているから戦争をするのか。あるいは自国の安全を保障するために武器を保有するのか。すなわち武器がなくなれば戦争はなくなるのか。

戦争の恐れがあるから武器を保有するので、戦争の恐れがなくならない限り武器を放棄しないのか。この二つの質問に対しては、基本的には後者の考えが各国の態度を示している。ただし、過剰な軍備をもつ国が登場した場合には、それにより相手国の安全保障が脅かされ、その国も軍備を増強するという悪循環に陥ることになる。

したがって、軍縮の問題と国家の安全保障の問題は相互依存関係にあるわけで、どちらか一方で良い方向に進むなら、他方も良い方向に進むという好循環が発生するが、一方が悪化すれば他方も悪化するという悪循環も発生する。歴史的には、悪循環に陥り、最終的には戦争に突入するというケースが多くみられた。

軍縮は軍縮のみを考えていれば解決できるという問題ではなく、以下に述べる武力行使の禁止や集団的安全保障、さらには紛争を平和的に解決できるシステムなどが深くからんでくる。また国家間の信頼関係も軍縮に大きな影響を与える。

国際社会では、当初は無政府状態といってよいほど各国は自由に行動し、また二〇世紀に入るまで戦争によって紛争を解決することは正当なことと考えられており、武力によって他国を屈服させることも法的には正当であると考えられていた。(7) その結果、各国がいかなる軍備をもつかは各国の自由であり、軍事

(7) 二〇世紀に入って戦争は徐々に禁止されていくが、それまでは、戦争は国際紛争を解決する正当な手段の一つと考えられており、戦争をどのように行うかに関する戦争法が広く発展していた。

力によって国家の生存を維持することも当然のことであった。日本も開国以来、富国強兵の政策を掲げ、軍事力の増強に走り、日清戦争、日露戦争、第一次世界大戦、第二次世界大戦に突入していった。

軍縮が可能になるためには、まず戦争の禁止が条件となる。一〇〇年ほど前の一八九九年に開催された第一回ハーグ平和会議では、軍縮が中心議題であったが、軍縮に関してはまったく合意が成立しなかった。一九一九年の国際連盟規約で一部の戦争が禁止され、一九二八年の不戦条約で国家の政策の手段としての戦争は禁止され、一九四五年の国連憲章では戦争のみならずあらゆる武力行使が禁止された(8)。

しかし国連憲章による禁止にもかかわらず、その後も国家間の武力紛争は続いている。国内社会においては殺人などの犯罪は禁止されており、それを防止するための警察力があり、違反者に対しては刑罰が科される制度が備えられている。それに反して、国際社会では、国際警察力は存在しないうえに、違反国に刑罰を科すようなシステムもまだ十分には構築されていない。

これは国連の集団的安全保障システムの強化が必要であるという問題に行き着く。すなわち、国連軍(9)や国連平和維持活動(10)(ＰＫＯ)などの強化の問題である。これらの側面で国際社会が今後とも一層努力することが必要とされている。これも軍縮が進展するための一つの条件である。

(8) 国連憲章第二条四項は、「すべての加盟国は、その国際関係において、武力による威嚇または武力の行使を、いかなる国の領土保全または政治的独立に対するものも、また、国際連合の目的と両立しない他のいかなる方法によるものも慎まなければならない」と規定し、戦争のみではなくあらゆる武力行使を禁止し、さらに武力による威嚇も禁止している。

(9) 国連憲章では、第七章において、各国が国連に提供する兵力をあらかじめ定め、それを用いて国連軍が設置されることが規定されている。しかし、実際には、この方式による国連軍はこれまで一度も設置されていない。

(10) 国連平和維持活動(ＰＫＯ)は、伝統的には停戦の成立後、関係国の同意を得て、中立的な軍隊が派遣され、停戦監視などの業務を行ってきたが、冷戦後の国際社会においては業務範囲が拡大され、選挙監視や行政を行うもの、あるいは強制的措置を含むものが実施されている。国連憲章にはＰＫＯに関する直接の規定はない。

紛争はどのような社会においても発生するものであり、紛争の発生自体を防止することも必要であるが、紛争を武力や暴力によらないで解決できる仕組みを整えることが重要である。国内社会ではさまざまな紛争解決手続きが整えられており、最終的には裁判によって白黒をつけることが可能である。

他方、国際社会での紛争解決手続きは、当事国同士の外交交渉が主であり、他は調停による解決である。(11) 国際裁判も稀に行われるが、非常に稀であり、特に紛争当事国の双方が裁判に付託することに同意しない限り、裁判は行われないという点で国内裁判とは根本的に異なっている。この点で国際社会は未発達であり、今後は、一国が訴えれば相手国は必ず裁判所に出向かなければならないといった仕組みを作っていくことが必要である。この点も軍縮の進展の条件となる。

軍縮とこれらのさまざまな条件は相互依存関係にあり、一つの分野で進展が達成されれば、それは他の分野での進展を促進するものとなる。したがって、軍縮以外の条件において一層の進展が必要であるが、これらの分野で進展がないから軍縮の分野で努力しても仕方がない、あるいは努力できないという考え方は間違っている。これらは相互依存関係にあるのだから、それぞれの分野で可能な範囲で前進することが必要であり、それが他の分野に好影響を与えるのである。したがって、軍縮の領域において一歩一歩小さいながらも努力して前

(11) 国連憲章の第六章は、紛争の平和的解決に関するもので、第三三条は、「いかなる紛争でもその継続が国際の平和および安全の維持を危うくする虞のあるものについては、その当事者は、まず第一に、交渉、審査、仲介、調停、仲裁裁判、司法的解決、地域的機関または地域的取極の利用その他当事国が選ぶ平和的手段による解決を求めなければならない」と規定する。

進することが必要である。それが武力行使の禁止や集団的安全保障や紛争の平和的解決の進展に好影響を与えるのである。(12)

最後に、軍縮を進めるために最も重要な要素を述べる。

それは国家間の信頼関係である。国家間に一定の信頼関係がなければ軍縮は不可能であるし、逆に軍縮の進展にともない国家間の信頼関係も強化されていく。したがって、国家の安全保障に直接かかわる前述の諸問題での進展とともに、国家間関係一般での信頼関係を強化する努力がなされなければならない。それは安全保障分野にとどまらず、経済的、社会的、文化的な交流の拡大など、国家間関係全般に及ぶものである。

このように、核兵器の全廃あるいはさらに全面完全軍縮を達成しようとするならば、国際社会の構造そのものを徐々に変革していくことが不可欠であり、あらゆる方面で、国益ではなく国際社会全体の利益といった側面からの努力がなされるべきである。

(12) 核軍縮は国際関係および国内政治の状況に依存するものであり、核軍縮のためにはまずそれらの改善に努めるべきであると観点からの分析について、山田浩・吉川元編『なぜ核はなくならないのか——核兵器と国際関係』法律文化社、二〇〇〇年参照。

黒沢　満（くろさわ　みつる）

1945年　大阪府に生まれる
1976年　大阪大学大学院法学研究科博士課程修了
　　　　法学博士
現　在　大阪大学大学院国際公共政策研究科教授
研究テーマ　核軍縮および核不拡散、大量破壊兵器の不拡散、北東アジアの安全保障
キーワード　核軍縮、核不拡散、国際平和、軍縮、安全保障
所属学会　国際法学会、日本国際政治学会、日本平和学会、世界法学会
主　著　『核軍縮と国際平和』（有斐閣）、1999年
　　　　『軍縮問題入門』（東信堂）、1999年
　　　　『核軍縮と国際法』（有信堂）、1992年

大阪大学新世紀セミナー［ISBN4-87259-100-3］

軍縮をどう進めるか

2001年7月20日　初版第1刷発行　［検印廃止］

編　集　大阪大学創立70周年記念出版実行委員会
著　者　黒沢　満
発行所　大阪大学出版会
　　　　代表者　松岡　博
　　　　〒565-0871　吹田市山田丘1-1　阪大事務局内
　　　　電話・FAX　06-6877-1614（直）

組　版　㈲桜風舎
印刷・製本所　㈱太洋社

ISBN4-87259-112-7

「大阪大学新世紀セミナー」刊行にあたって

健康で快適な生活、ひいては人類の究極の幸福の実現に、科学と技術の進歩が必ず役立つのだという信念のもとに、ひたすらにそれが求められてきた二十世紀であった。しかしその終盤近くになって、問題は必ずしもさほど単純ではないことも認識されてきた。生命科学の大きな進歩で浮かび上がってきた新たな倫理問題、環境問題、世界的な貧富の差の拡大、さらには宗教間、人種間の軋轢の増大のような人類にとっての大きな問題は、いずれも物質文明の急激な発達に伴う不均衡に大きく関係している。

一九三一年に創立された大阪大学は、まさにこの科学文明の発達の真っ只中にあって、それを支える重要な成果を挙げてきた。そして、いま新しい世紀に入る二〇〇一年、創立七十周年を迎えるにあたって企画したのが、この「新世紀セミナー」の刊行である。大阪大学で行われている話題性豊かな最先端の研究を、学生諸君や一般社会人、さらに異なる分野の研究者などを対象として、できるだけわかり易くと心がけて解説したものである。

これからの時代は、個々の分野の進歩を追求する専門性とともに一層幅広い視野をもつことが研究者に求められ、自然科学と社会科学、人文科学の連携が必須となるだろう。細分化から総合化、複合化に向かう時代である。また、得られた科学的成果を社会にわかりやすく伝える努力が重要になり、社会の側もそれに対する批判の目をもつ一方で、理解と必要な支持を与えることが求められる。本セミナーの一冊一冊が、このような時代の要請に応えて、新世紀を迎える人類の未来に少しでも役立つことを願ってやまない。

大阪大学創立七十周年記念出版実行委員会